西南大学应用经济学一级学科博士点建设系列丛书（第一辑）

农村信贷合约与农村信贷制度研究

Research on Rural Credit Contract
and Rural Credit Institution

胡士华 著

国家社会科学基金课题（项目批准号：12BJY098）
教育部人文社会科学课题（项目批准号：16XJA790003）　资助
中央高校基本科研业务费专项资金资助课题
（项目批准号：SWU1409101）

科 学 出 版 社
北　京

内 容 简 介

本书在实证分析农村主要信贷主体的信贷合约选择、合约激励结构和履约影响因素等基础上，找出影响农村信贷合约安排及合约履行的诸多影响因素，并以此提出改革与完善我国农村信贷制度的对策思路。

本书中的研究方法、理论分析和研究结论等可以为相关研究者和教学者提供借鉴，政策建议等内容可以为经济决策、管理部门或者相关的金融企业提供有益的参考。

图书在版编目（CIP）数据

农村信贷合约与农村信贷制度研究/胡士华著. —北京：科学出版社，2019.5
（西南大学应用经济学一级学科博士点建设系列丛书. 第一辑）
ISBN 978-7-03-060178-0

Ⅰ. ①农… Ⅱ. ①胡… Ⅲ. ①农业信贷–研究–中国 Ⅳ. ①F832.43

中国版本图书馆 CIP 数据核字（2018）第 291091 号

责任编辑：马 跃 李 嘉／责任校对：王丹妮
责任印制：张 伟／封面设计：无极书装

科 学 出 版 社 出版
北京东黄城根北街 16 号
邮政编码：100717
http://www.sciencep.com

北京虎彩文化传播有限公司印刷
科学出版社发行 各地新华书店经销

*

2019 年 5 月第 一 版 开本：720×1000 B5
2019 年 5 月第一次印刷 印张：9 3/4
字数：194 000
定价：88.00 元
（如有印装质量问题，我社负责调换）

前　　言

一、本书的主要内容

本书的主要内容共计10章，第1章是导论；第2章是理论借鉴与理论分析；第3~6章主要从信贷合约安排或选择角度来分析农村信贷市场结构与农村信贷融资行为；第7~9章主要从合约履约机制角度来研究农村信贷融资行为；第10章是研究结论与政策建议。具体来讲，第1章，导论，主要介绍研究问题、研究目标、研究假设、研究方法、资料特征及研究的基本结构。第2章，理论借鉴与理论分析，主要研究国内外对该问题相关研究的理论流派及如何借鉴，并在此基础上，着重阐述研究农村信贷制度的信贷合约理论分析框架。第3章，信贷合约与农村信贷市场分割性，以农村中小企业调查数据为例，运用信贷合约理论，来实证分析我国农村信贷市场的"二元"分割性（正规与非正规信贷）及其合约基础。第4章，信贷合约安排与农村信贷资金配置，在同时面临道德风险和逆向选择的农村信贷市场上，该章实证分析贷款人如何根据自身的可获得信息量、信贷处理成本、借款人担保禀赋等因素，设计出适用于不同类型借款人的信贷合约，从而实现信贷资金配置。第5章，合约监督行为与农户融资机制分析，基于农村信贷市场上的道德风险模型，本书运用合约理论，比较分析信贷合约中引入监督机制后，不同贷款监督技术的效率及其对农户融资条件的影响。第6章，合约担保替代对农户融资结构的影响，在第5章分析的基础上，该章运用信贷市场上的道德风险理论模型，实证分析合约监督行为（担保替代）对农户融资结构的影响。第7章，信贷合约履约执行的影响因素研究，该章以农户联保贷款偿还率为例，来实证分析农村信贷合约履约执行的影响因素。第8章，信贷合约履约失效的影响因素分析，在第7章的基础上，继续以农户联保贷款（农户联保贷款的违约行为）为例，从反面来实证分析农村信贷合约履约失效的影响因素。第9章，合约履行机制变动对信贷资金配置的影响，该章基于金融联结机制模型，运用农村调查数据来实证分析农村信贷合约的履约机制变动对农村信贷资金配置及其策略的影响。第10章，研究结论与政策建议。

二、本书的主要结论

（1）现代合约理论将信贷活动还原成信贷合约关系，并以此来分析信贷合约的设计、安排及履行问题，进而可以有效分析发展中国家农村信贷合约的微观差异及其机理。在许多发展中国家的农村信贷市场上，信息约束与合约履行约束的存在，必然使得贷款人面临着发放贷款前的逆向选择问题和发放贷款后的道德风险问题，以及信贷合约履行问题。而现代合约理论将信贷活动还原成信贷合约关系，并以此来分析信贷合约的签订及履行问题。具体来讲，一项运行有效的信贷合约需要处理好甄别、激励、监督与合约履行问题。而不同贷款人对信贷合约中的甄别、激励、监督与合约履行问题所实施的策略不同，便成为正规与非正规借贷合约的微观差异基础。这种差异的原因在于信息获取、信贷合约设计和履行合约均要花费成本，贷款人依据自身特征、信息禀赋状况等，对信贷合约中的甄别、激励、监督与合约履行机制等要素实施对应的策略，从而设计出满足借、贷双方需要的信贷合约。于是，正规金融机构主要运用标准的信息与法律机制，来解决信贷合约的信息与履约机制问题，相反，非正规金融组织主要利用人格化的信息和非正式的私人治理机制，来处理信贷合约的信息与履约机制问题。

（2）在农村信贷市场上，长期存在着正规与非正规信贷市场的"分割"现象，这种分割的微观原因在于信贷合约安排的差异。从信贷合约理论角度看，信息收集及其在甄别与监督借款人方面的运用是贷款人所采用的信贷合约核心问题。机构性贷款人主要依据借款人所具有的标准信息禀赋（正规性程度）来甄别借款人的信誉，使交易成本相对较低，相应地，正规程度高的借款人可以较低成本向正规金融机构显示其信誉，进而同正规金融机构进行信贷交易，形成"正规-正规"信贷匹配。相反，非正规借款人较少拥有标准信息及必要的担保来匹配正规贷款人，而非正规贷款人的信贷合约可以容许它以较低成本同这些非正规借款人进行信贷交易，进而非正规程度高的借款人更可能获取非正规金融部门的贷款，从而形成"非正规-非正规"信贷匹配。这样，在农村信贷市场上，就存在着相互独立的正规信贷市场和非正规信贷市场。

（3）贷款人会依据其各自所面临的逆向选择（事前的信息）程度、道德风险（事后的信息）程度，设计不同的信贷合约，进而实现对信贷资金的配置。对于贷款人而言，他们在发放贷款前后，必须考虑非对称信息（asymmetric information）对借款人行为（工作努力程度）和借款人类型（品德、能力等）的影响，于是，贷款人将依据可获得信息量、借款人担保禀赋和贷款人信贷处理成本等因素，设计出不同的信贷合约以适应不同类型的借款人，最终，通过这些不同类型的信贷合约，实现信贷资金配置。

（4）在信贷合约的诸多要素中，贷款监督是一种有效的机制，可有效改善信贷交易条件，进而影响农村借款人的融资结构（渠道）。在信贷合约中，引进恰当的机制可以放松合约激励约束条件，减少有限责任租，降低贷款抵押担保品要求，使得融资活动成为可能。贷款监督就是一个有效的机制，起到了贷款担保替代的功能，运用各种贷款监督技术，可以减少借款人的道德风险问题，从而有利于信贷合约的签订与履行。当然，受监督技术效率、监督者的自有资本和信贷合约关联等因素的影响，不同类型的监督方式对监督收益与成本的影响存在着差异——纯粹的中介监督、代理监督均可以降低最低抵押担保品、有利于融资；直接监督能否改善融资条件取决于监督资本的超额回报同监督技术有效性之间的相对大小；同伴监督情形下的团体（联保）贷款更有利于抵押担保能力弱的借款人融资，且可能优于代理和纯粹中介监督贷款模式；在贷款监督的融资模型基础上，引入提议者，可以提高投资项目的成功率，降低融资成本，从而更有利于借款人的融资。同时，实证研究结果也支持了贷款监督机制对农村借款人融资结构产生重要影响这一结论，即借款人所能提供的贷款担保品量（或借款人被监督的程度），决定了其借款来源结构的组合形式；担保品充足的借款人容易申请到正规金融机构的担保贷款，而随着借款人担保品的减少且容易被贷款人监督时，其可能更倾向于非正规金融部门的（监督）贷款，或者是正规金融机构与非正规金融部门的混合贷款。

（5）对于我国的一些农村地区，传统的社会约束力（社会资本、社区信任认同度等替代变量），对信贷合约的履行（贷款偿还）仍然产生重要的作用。以农户联保贷款中的贷款偿还率和贷款退出率为例，从正反两方面来分析农村信贷合约的履行机制，研究结果显示，作为衡量社会资本的变量——社交程度和社会声望，对联保贷款的正常履行（贷款偿还率）的提高产生正向影响，相应地，传统农村社会约束力——社区社会资本、社区信任认同度的失灵或者降低，更容易导致农户联保贷款中的农户退出或者违约，因而，农村社区的传统社会约束力量对农村信贷合约的履行仍然产生重要的影响。

（6）在信贷合约履约机制中，合约履行力度（贷款违约的惩罚力度变动）将改变贷款人的信贷配置策略，进而对信贷资金配置产生影响。在借贷双方存在着信息不对称的农村信贷市场上，通过金融联结机制（通过某种途径将正规金融的资金优势和非正规金融的信息优势结合起来，向农村地区提供金融服务），贷款人所实施的违约惩罚力度将对信贷资金配置策略产生重要影响：在高惩罚力度下，贷款人发放贷款时，其更加关注潜在借款人的生产能力因素，而不是基于借款人履约特征因素或其他资源要素来发放贷款并保证其能够得到偿还；在低惩罚力度下，贷款人发放贷款时，其更多地注重有关借款人履约特征方面的甄别和监督，而忽视借款人未来生产能力特征的甄别和监督。因此，信贷合约履行机制能帮助借款人对其违约责任负责，相应地，信贷合约履行机制变化，也必然改变贷款人的贷款配置策略，进而影响信贷资金的配置。

三、本书的重要观点

（1）信贷合约安排及其履约激励不足是农村融资难的一个重要原因，因而，从农村融资活动的最基本单位——信贷合约出发，来分析农村信贷合约的签订、履行与违约惩罚相关的微观活动与制度创新，可以为创新农村信贷制度探索一些新路子。

（2）从合约理论角度来研究农村信贷合约安排及履约问题，体现了分类管理、差别推进的金融改革思路，比较符合当前我国农村经济现实。其政策寓意就是，农村信贷制度的改进或创新应尊重农村金融交易的微观机理，金融改革不能实施"一刀切"政策。

（3）纠正当前我国农村信贷市场的绩效偏差，应该注重改善信贷活动中合约激励结构，改善金融组织治理，也就是说，要确定更为精细的农村信贷市场运行策略与办法。

四、政策建议

（1）积极培育农村内生型金融活动或组织。从正规信贷合约与非正规信贷合约结构来看，非正规金融在一些地区活跃的微观原因在于：非正规金融不仅对信息有着深刻的把握与理解，而且能给出特殊治理机制与其信贷合约相匹配。对于身份各异的需求群体而言，他们对金融服务的需求也不尽相同，因此，应注重内生型金融体系的培育，尤其是在底端信贷市场上，潜在的金融服务不仅包括正规金融，还包括一些非正规金融。依据"边际增量"原则，逐渐摆脱原有体制的复制性增长的惯性依赖，推进新型农村金融机构建设，从农村金融市场的内部来推动新型金融元素的培育和增长，促进具有内生性特征的农村金融竞争主体的形成，从而推进农村信贷市场竞争。政府引导和鼓励与农村有天然贴近的民间资本进入农村领域，组建新型农村金融机构；或者通过一些优惠的政策及制度安排，鼓励一些民间监督资本进入农村领域，如放宽民营资本组建贷款公司的限制，允许各类农民专业合作组织组建、设立或控股农村金融机构及小额贷款担保公司等，从而能够使乡村居民根据一致同意的原则进行信贷交易，内生出适宜于乡村信贷主体的金融交易规则或制度。

（2）农村正规金融机构加强自身建设，为创新农村信贷合约提供激励。在农村信贷市场上，信贷合约是农村信贷交易的最基本要件，而对数量众多、信誉差异极大的农村借款人来讲，以财务报表、资产等为分析技术的传统信贷合约难以适用这些借款人。在我国农村信贷市场上，新型农村金融机构，能够依据借款人禀赋特征，"因人而异"地创新贷款合约条件，提供"个性化"信贷合约，使得信贷交易能够达成，因此，农村正规金融机构应积极借鉴新型农村金融组织的创新做法，通过农村正规金融机构自身的产权安排、企业治理结构完善等制度调整与优化，为农村正规金融机构的"金融家们"创新农村信贷产品和服务，提供足够的制度激励。一旦这些激励制度被提供出来，则对于农村信贷市场上的许多低端客户的信贷供给来讲，农村正规金融机构的"金融家们"就需要对这种现代贷款技术进行创新或改进。例如，积极改进农村正规金融机构的贷款产品、程序，增加贷款流程的透明度，简化审批程序，改进信贷合约的履行机制等，进而让信贷供给更容易接近农村"边缘性"借款人。

（3）综合正规和非正规金融部门的比较优势，以此整合农村金融市场。农村正规金融机构具有处理标准信息的合约优势，从而可以跨空间媒介信贷资金，这一点在农村地区亦相当重要；相反，依赖传统社区信息资源的非正规金融部门不能在更大范围内媒介资金，但其比较优势体现在可获得身份各异的借款人私人信息方面。因此，通过一些制度设计（如金融联结制度），将这两个金融部门的比较优势综合起来，可以将分割的正规与非正规信贷市场整合成一个富有竞争力的农村信贷市场。当然，在整合这两个部门比较优势的过程中，需要设计好有效的两类贷款人（正规金融机构和非正规金融部门）之间合作的激励机制，在有效的激励制度下，非正规金融能够有效缓解正规金融与借款人之间的信息不对称问题，从而将信贷资金有效地配置给借款人，满足农村借款人和正规金融机构的需要；同时，激励机制的变动，更会影响非正规金融组织的信贷资金配置策略，因而，有效的激励制度对两类贷款人合作也是至关重要的。

（4）注重解决农村信贷市场上的信息不对称问题。在信贷市场上，信贷合约类型差异的一个重要原因是信息及由此产生的交易成本，因此，若获取的信息比较充分，则不仅可以保证贷款人能设计出适合于借款人需求的信贷合约，还能够降低信贷交易成本。一方面，农村正规金融机构应利用各种技术与方法获取信息，降低借贷双方之间的信息不对称程度；另一方面，可以"小贷"等新型农村金融机构和传统的农村信用社（或农村商业银行）为载体，构建乡村信用共享平台，进而降低农村信贷市场内的信息不对称程度及信贷交易成本，促进乡村信用与农村金融市场的延伸与拓展，为深化农村信贷市场创造良好的外部条件。

（5）探索组建与发展农村可抵押（担保）市场。在农村经济领域内，因为种种制约因素，要求借款人提供抵押担保品往往困难，从而农村融资难也就是抵押担保难。因而，在一些经济条件较好的农村地区，地方政府可采取一些措施，如建立农村资产的抵押（担保）价值认定和登记评估制度等，激活农村土地、住房、林权等资产背后隐藏的经济潜能，改变这些资产不可抵押（担保）的现状，并以此探索建立农村资产可抵押（担保）市场，从而为农村抵押（担保）贷款产品或服务提供基础经济条件。

（6）完善农村信贷合约有效履行的制度或经济设施。信贷合约履行机制能帮助借款人对其违约责任负责，同时，信贷合约履行机制变化，也必然改变贷款人的贷款配置策略。因此，为了保证信贷合约的有效履行，第一，要加强法律法规等第三方裁决制度建设，并降低法律执行成本。在农村信贷市场上，信贷合约的法律执行难是农户违约的一个重要因素，也是农村正规金融机构不愿发放农户贷款的一个重要原因，因此，在一些典型农村地区，除了定期加大法律的贷款清收力度外，农村金融机构也可与当地政府有效沟通，实施一些行政或经济处罚措施（如拖欠贷款农户将会延期或者无法获得所在村镇的福利等）。第二，在正式法律制度不完善或者其执行成本高的农村地区，通过强化农村社区的乡规民约、道德规范，增加农户的社会资本存量，或者利用声誉机制等非正式制度，以增强贷款农户的责任意识，信守承诺，从而保证信贷合约有效地被履行。第三，通过转变农村生产经营方式（即从传统的小农生产方式转变为合作化、市场化、产业化的新型农村生产方式），可以加强农户之间的经济交往和利益相关性，从而提高农户的社会资本水平，最终有利于农村信贷合约的履行。

目　　录

第 1 章　导论 ··· 1
　1.1　研究背景及问题 ··· 1
　1.2　研究目标及思路 ··· 2
　1.3　研究假设与方法 ··· 3
第 2 章　理论借鉴与理论分析 ··· 4
　2.1　理论回顾及借鉴 ··· 4
　2.2　信贷合约的理论分析 ··· 11
第 3 章　信贷合约与农村信贷市场分割性 ······································· 18
　3.1　理论模型 ··· 20
　3.2　计量模型与变量、数据说明 ·· 24
　3.3　OLM 估计结果及分析 ··· 27
　3.4　结论与启示 ··· 30
第 4 章　信贷合约安排与农村信贷资金配置 ··································· 32
　4.1　基准模型——标准信贷合约 ·· 33
　4.2　基准模型的扩展——两种信贷合约 ·· 37
　4.3　对理论预测的检验 ··· 41
　4.4　结论与启示 ··· 46
第 5 章　合约监督行为与农户融资机制分析 ··································· 48
　5.1　引论 ··· 48
　5.2　贷款担保品决定的基准模型：无贷款监督情形 ······················ 49
　5.3　不同贷款监督技术下的融资机制 ··· 51
　5.4　贷款监督基础上引入提议的融资机制 ···································· 57
　5.5　结论与启示 ··· 59

第6章 合约担保替代对农户融资结构的影响⋯⋯⋯⋯⋯⋯⋯⋯⋯⋯⋯⋯61
6.1 道德风险下的信贷合约⋯⋯⋯⋯⋯⋯⋯⋯⋯⋯⋯⋯⋯⋯⋯⋯⋯⋯62
6.2 计量模型与变量、数据说明⋯⋯⋯⋯⋯⋯⋯⋯⋯⋯⋯⋯⋯⋯⋯⋯66
6.3 估计结果及分析⋯⋯⋯⋯⋯⋯⋯⋯⋯⋯⋯⋯⋯⋯⋯⋯⋯⋯⋯⋯70
6.4 结论与启示⋯⋯⋯⋯⋯⋯⋯⋯⋯⋯⋯⋯⋯⋯⋯⋯⋯⋯⋯⋯⋯⋯73

第7章 信贷合约履约执行的影响因素研究⋯⋯⋯⋯⋯⋯⋯⋯⋯⋯⋯⋯⋯75
7.1 联保贷款合约履行的基本原理⋯⋯⋯⋯⋯⋯⋯⋯⋯⋯⋯⋯⋯⋯⋯76
7.2 联保贷款合约履行的作用过程⋯⋯⋯⋯⋯⋯⋯⋯⋯⋯⋯⋯⋯⋯⋯78
7.3 农户联保贷款履行影响因素分析⋯⋯⋯⋯⋯⋯⋯⋯⋯⋯⋯⋯⋯⋯85
7.4 实证检验结果及分析⋯⋯⋯⋯⋯⋯⋯⋯⋯⋯⋯⋯⋯⋯⋯⋯⋯⋯⋯91
7.5 结论与启示⋯⋯⋯⋯⋯⋯⋯⋯⋯⋯⋯⋯⋯⋯⋯⋯⋯⋯⋯⋯⋯⋯97

第8章 信贷合约履约失效的影响因素分析⋯⋯⋯⋯⋯⋯⋯⋯⋯⋯⋯⋯⋯99
8.1 农村联保贷款中农户退出的理论假设⋯⋯⋯⋯⋯⋯⋯⋯⋯⋯⋯⋯99
8.2 农村联保贷款中农户退出的现状与影响因素⋯⋯⋯⋯⋯⋯⋯⋯⋯103
8.3 农村联保贷款中农户退出影响因素的计量检验⋯⋯⋯⋯⋯⋯⋯⋯107
8.4 结论与启示⋯⋯⋯⋯⋯⋯⋯⋯⋯⋯⋯⋯⋯⋯⋯⋯⋯⋯⋯⋯⋯⋯111

第9章 合约履行机制变动对信贷资金配置的影响⋯⋯⋯⋯⋯⋯⋯⋯⋯⋯113
9.1 金融联结下的合约履行机制变动机理⋯⋯⋯⋯⋯⋯⋯⋯⋯⋯⋯⋯115
9.2 计量模型、数据与变量说明⋯⋯⋯⋯⋯⋯⋯⋯⋯⋯⋯⋯⋯⋯⋯⋯119
9.3 估计结果及分析⋯⋯⋯⋯⋯⋯⋯⋯⋯⋯⋯⋯⋯⋯⋯⋯⋯⋯⋯⋯124
9.4 结论与启示⋯⋯⋯⋯⋯⋯⋯⋯⋯⋯⋯⋯⋯⋯⋯⋯⋯⋯⋯⋯⋯⋯126

第10章 研究结论与政策建议⋯⋯⋯⋯⋯⋯⋯⋯⋯⋯⋯⋯⋯⋯⋯⋯⋯⋯128
10.1 研究结论⋯⋯⋯⋯⋯⋯⋯⋯⋯⋯⋯⋯⋯⋯⋯⋯⋯⋯⋯⋯⋯⋯128
10.2 政策建议⋯⋯⋯⋯⋯⋯⋯⋯⋯⋯⋯⋯⋯⋯⋯⋯⋯⋯⋯⋯⋯⋯130

参考文献⋯⋯⋯⋯⋯⋯⋯⋯⋯⋯⋯⋯⋯⋯⋯⋯⋯⋯⋯⋯⋯⋯⋯⋯⋯⋯⋯133

第1章 导 论

1.1 研究背景及问题

在我国许多农村地区，农村金融体制改革所面临的核心问题就是如何解决农村融资难问题。无论是计划经济时期，还是经济转型期间，中国农村金融都在不断调整与改革，从两次（1958年、1969年）将农村信用社的人权、财权下放生产大队管理，两次（1959年、1977年）又收回归银行管理，到1996年的农村信用社与农业银行正式分离，再到2003年农村信用社治理结构模式改革，这些表明农村金融问题随着"三农"问题的凸显，越来越成为农村改革的重头戏之一。2004~2007年连续四个中央一号文件，均强调改革与完善农村金融服务体系的重要意义。但是，目前农村金融问题依然严重，农户融资难仍然严重，农村资金大量外流，农村正规金融机构无力覆盖那些落后的农村地区，农村非正规金融长期遭受排挤或压制，且进入正规金融领域的合法途径存在障碍。在此背景下，从2006年开始，我国又启动了新一轮的农村金融体制改革，其改革思路就是逐渐从"存量调整"转变为"增量培育"，而这种"增量培育"主要表现为包括村镇银行、贷款公司、农村资金互助社和商业性贷款公司等新型农村金融机构的不断涌现，其基本导向就是放宽农村金融市场的资本准入，允许境内、境外资本到农村地区投资、新设上述各类新型金融机构，并向农户提供金融服务。这种以培育新型农村金融机构为改革思路的新一轮农村金融改革，能否真正解决农户所面临的融资困境，则需要进一步的观察及分析。

破解农村融资难依然是农村金融体制改革所面临的核心问题，因此，它也是理解与改革农村融资制度的起点。在我国许多农村地区存在的信息、激励与合约履行机制约束是农村信贷市场构建的微观障碍（Ray，1998；Gonzalez-Vega，2003），这必然导致贷款人面临着逆向选择问题、道德风险问题（Hoff and Stiglitz，1993），以及贷款合约履行问题（Ghatak and Guinnane，2003；Simtowe and Zeller，2006）。农村融资难主要源于农户（或农村中小企业）与农村金融机构之间因信息不对称所引起的逆向选择和道德风险问题（Hoff and Stiglitz，1990）。因此，缓解农户融资难的关键在于：解决借贷双方之间的信息不对称所引起的逆向选择与道德风险问题，以及贷款合约履行问题。而现代合约理论认为，所有的市场交易都可以还原成合约关系（并以此作为经济分析的基本要素），这样任何一种经济活动都离不开合约，合约规定了合约参与主体在不同状态下所采取的行动、如何分享由该行动所产生的收益，以及如何在合约签约人之间分担风险。基于此，对任一信贷合约的设计，必然面临着信息不对称问题与合约的履行机制问题，具体来讲，一项运行有效的信贷合约要处理好激励、监督与履约问题（Besley，1994；Navajas et al.，2003）。这样，不同贷款人对信贷合约中的激励、监督和合约履行问题所实施的策略不同，便成为农村信贷合约及其履约差异的微观基础，从而形成不同类型的信贷模式。

针对中国农村信贷制度问题，国内学者也给予了极大的关注。张杰（2005）以小农经济为前提，在研究了小农家庭的功能与融资顺序后认为，小农融资的圈层结构决定了非正规信贷的主导地位，由国家主导的正规信贷制度并不适合小农经济；温铁军（2005）亦持有类似观点。何广文（2004，2007）研究结果表明，为了满足多样化的农村融资需求，我国农村金融体制改革应该以金融多样化为主线，从不同角度推进农村金融组织多样化。林毅夫等（林毅夫，2002；林毅夫等，2009）从最优金融结构理论视角出发，认为不同的金融机构给不同规模的企业提供金融服务的成本与效率是有差异的，大型金融机构不适合为中小企业提供金融服务，因此，解决中小企业融资难问题的根本出路在于发展与完善中小金融机构。谢平和吕松（2005）、刘锡良（2006）、陈雨露和马勇（2010）认为，复杂化的农户经济结构和收入结构导致了金融需求的多样性，为适应这种多样化的金融需求，需要建立包括政策性金融、商业性金融、合作金融和民间金融在内的多元分层次的农村信贷制度。虽然这些研究比较一致地认为应建立多层次农村信贷制度，但由于受研究目的的限制，他们并没有考虑农村信贷交易的合约结构特征，没有将农村信贷制度安排的分析建立在信贷合约履行的激励相容基础上，由此就不能分析如何改善借款人的融资条件。因而，针对这些遗漏与缺憾，本书研究从农村融资活动的基本单位——信贷合约出发，分析与农村信贷合约的签订、履约与违约惩罚相关的微观活动与制度创新，为创新农村信贷制度探索一条新路子。

1.2 研究目标及思路

本书研究目标：在实证分析农村主要信贷主体的信贷合约选择、激励结构与还贷影响因素等基础上，找出影响我国农村信贷合约安排及履约的诸多因素，并提出我国农村信贷制度创新的对策建议。

本书研究思路：由理论研究到实证研究，再到政策研究。分析问题的切入点：沿着现代合约理论与金融中介理论的最新发展，从与农村信贷合约的签订、履约和惩罚相关的金融活动和制度安排出发对农村融资行为进行研究。任何一项经济活动都离不开合约，金融活动更是如此，签订信贷合约需要具备两个基本条件：一是充分或较充分的信息，二是信贷合约的有效履行，缺少任何一个条件，信贷合约就可能一文不值。有些金融机构之所以退出农村经济领域，很有可能这两个基本条件的一项或两项不能得到满足；而有些金融组织之所以在农村经济领域内发展与壮大，更可能的原因是它能解决信贷市场上的信息、激励与合约履行问题。基于此，在实证研究的基础上，找出影响我国农村信贷合约安排及履约的诸多因素，提出改革我国农村信贷制度创新的政策思路。

1.3 研究假设与方法

本书提出以下几点研究假设：①信贷合约安排及其履约激励不足是农村融资难的一个重要原因，因而，从农村融资活动的基本单位——信贷合约出发，分析农村信贷合约的签订、履行与违约惩罚相关的微观活动与制度创新，可以为创新农村信贷制度探索一条新路子。②从合约理论角度来研究农村信贷合约安排及履约问题，体现了分类管理、差别推进的金融改革思路，比较符合当前我国农村经济现实。其政策寓意就是，农村信贷制度的改进或创新应尊重农村金融交易的微观机理，金融改革不能实施"一刀切"政策。③农村信贷市场的绩效偏差的纠正方法，应该注重改善信贷活动中合约激励结构，改善金融组织治理，也就是说，要确定更为精细的农村信贷市场运行策略与办法。

在研究方法上，规范研究和实证研究相结合。规范研究以实际经验考察为基础，注重概念界定和内涵揭示，并以此为逻辑起点展开理论分析；实证研究在规范研究的基础上展开，将定性、定量分析相结合。其中，定性分析注重制度分析的运用；定量分析强调数据可靠、方法实用、手段先进。具体而言：①运用调查与访谈法收集部分省市农村地区的资料、数据，并运用统计、逻辑分析法进行经验总结；②运用博弈分析工具对借贷主体之间的利益关系及博弈进行数理推导，从而构建相应的理论分析模型；③使用回归分析、离散分析（Logit 和 Tobit 方法）对信贷合约的选择、激励结构与还贷影响因素进行实证研究，以找出影响农村信贷合约安排及履约的诸多因素；④农村信贷制度创新的政策建议将采用规范研究方法。

第 2 章　理论借鉴与理论分析

2.1　理论回顾及借鉴

2.1.1　金融中介理论

在传统的新古典一般均衡模型中，金融中介没有存在的必要。因为在完善的市场假设条件下，投资人（或者贷款人）无须利用金融中介，就可以直接向筹资人（或者借款人）进行投资（或者直接放款），实现资源配置的帕累托最优状态，这样，金融中介就没有存在的必要。同时，根据莫迪利亚尼-米勒的资本结构理论（MM 定理）可以推出，企业不管选择何种融资方式，均不会影响其市场价值，因为金融中介机构从来不会创造价值，即金融中介机构对企业来讲是无关紧要的。

但是，经济现实告诉经济学家们，市场上存在着大量的诸如交易成本、信息成本及摩擦因素，这反过来迫使经济学家们又重新审视金融（包括金融中介）因素在实体经济中的重要性。换句话讲，金融中介的核心理论是在引入了信息不对称和交易成本及因素之后才开始的，这一领域先驱者应该追溯到格利和肖两人。在格利和肖（1960）的著作中，他们敏锐地观察到：金融中介机构有助于提高储蓄和投资水平，以及在各种可能的投资机会之间更有效地分配稀缺的金融储蓄[①]。Levine（1997）在综合前人研究基础上，认为具备风险转移的便利、资本的配置、经理人员的监督、储蓄的积聚，以及商品服务与金融合同

[①] 格利和肖（1960）认为：从贷款方面看，金融中介机构可降低从事投资经营初级证券的单位成本，降低风险，缩小流动性危机的可能性；从借款方面看，金融中介机构有吸引无数债权债务人从事大规模借贷活动的好处，既可以优惠贷款条件的形式分到债务人身上，又可以利息支付和其他利益形式分到债权人身上，还可以优惠红利的形式分到股东身上以吸引更多的资本；从整个社会的储蓄投资机制上看，金融中介机构有助于提高储蓄和投资水平以及在各种可能的投资机会之间更有效地分配稀缺的金融储蓄。

交易的简便等功能的金融中介（或金融市场）的出现源于市场交易摩擦，其中任何一项功能对经济增长的影响均是通过"资本积累"和"技术创新"这两条途径来实现的。总之，金融中介在实体经济增长的过程中是至关重要的[1]。

对于金融中介产生和成长的根源，金融中介通过何种机制（或功能）来作用于实体经济的增长，也是现代中介理论极其感兴趣的一个分支领域。

针对成熟的市场经济体制国家（或地区）而言，金融中介理论中的主流观点一致认为获取信息与从事交易的费用促成了金融中介的诞生。用交易成本概念解释金融中介存在的经济学者，除上述文献所提到的格利和肖（1960）外，还有 Benston 和 Smith（1976），他们认为交易成本的存在是导致金融中介产生的直接原因，因为金融中介具有一套有效克服交易成本的金融技术[2]。Freixas 和 Rochet（1997）也认为，在有摩擦的不完全的金融市场上，金融中介参与投资人与借款人之间的金融交易，则可以节约经济主体多样化选择的成本[3]。Allen 和 Santomero（1998）指出，由于资产的评估存在着大量的固定成本，而金融中介的参与能够使这些固定成本有效得到分摊，进而降低平均成本，故金融中介在这方面比个人具有优势，也是从交易成本角度来理解金融中介理论的关键之一。Leland 和 Pyle（1977）、Diamond（1984）从信息不对称角度来证明金融中介存在的必要。Leland 和 Pyle（1977）从信息联盟角度，证明金融中介的出现，可以克服市场交易中的信息不对称问题，以及降低交易风险[4]。Diamond（1984）则强调金融中介可以通过充当被委托的监督者来解决信息不对称问题，因为监督者可以通过多样化贷款资产使得代理成本降到最低。

这样，根据金融中介理论的主流观点，当交易成本、信息不对称问题不断减少时，金融中介也应该随之减少直至消失。然而，最近 30 多年内，市场

---

[1] 关于金融（包含金融中介）对经济增长的理论分析与实证研究的文献相当浩繁，有较大影响的文献包括戈德史密斯（1994）、麦金农（1997）、肖（2015）、Fry（1987）、Greenwood 和 Jovanovic（1990）、Bencivenga 和 Smith（1991）、Levine（1991，1992）、Roubini 和 Sala-I-Martin（1991，1992）、King 和 Levine（1993）。

[2] 为了进一步说明，Benston 和 Smith（1976）将交易成本分成了固定成本和变动成本两部分，固定成本主要包括金融中介的营运费用，变动成本主要有契约文书的处理成本、风险确认成本、监督实施成本、搜寻成本以及时间的花费等。金融中介正因为利用了财产转移技术的规模经济和范围经济优势，所以才比个人投资者自己从事这些活动更有利。

[3] Freixas 和 Rochet（1997）指出，在理想的无摩擦的完全金融市场上，投资人和借款人都能很好地得到多样化选择，而一旦交易技术中出现更小的不可分割性，则理想的多样化状态将不再存在，这就需要金融中介的参与了，从而节约了经济主体多样化选择的成本。

[4] 他们假定借款人组成信息联盟，可以就各自熟悉的项目的质量交换真实信息而得益，从而证明了金融中介的存在。它的出现实际上是人们对信息不对称的一种自然反应，这些机构利用自己与借款人之间频繁的资金往来关系，可以比一般人更了解借款人的资产收益状况，从而降低了贷款风险的发生。

经济成熟的西方国家的金融市场规模在不断地扩大，但是个人对金融中介的依赖程度并没有降低，相反，更多的个人通过金融中介参与金融市场。Allen 和 Santomero（1998）提出的"参与成本"概念部分地解释了这种现象。他们认为，主流经济理论因为假设市场是完全的，故其中的金融中介不会创造任何附加价值，从而投资者在市场中完全参与各种交易活动。但是，每一位投资者学习或了解一个金融工具都存在一定的固定成本，并且每日不断地追踪市场信息也需要花费边际成本，即"参与成本"。Allen 和 Santomero（1998）进一步证明金融中介机构可降低（拥有有限信息的）参与者的参与成本[①]，并且不断地创造价值。King 和 Leape（1984）的实证研究证实了这一点。另外，Santomero（1984）、Merton（1989）等提出"风险转移说"，认为金融中介在投资者之间发挥风险转移的功能，以便整个社会的平均风险水平下降或处于一个相对稳定的水平。Diamond 和 Rajan（1999）则认为金融中介可以充当金融市场的流动性中介，即"流动性中介"假说。

发展中国家或经济转型国家的金融中介问题，也是人们关注的内容。具有代表性的是金融抑制论或金融深化理论。麦金农（1997）注意到外源性融资对实体经济的重要性，而由于这些国家实行利率管制等政策措施，大部分中小企业和农户被排斥在金融市场之外，仅能求助于非正式融资方式。因此，他主张利率自由化，以清除金融二元结构现象，充分培育正式金融中介，以发挥其在储蓄投资过程中的重要作用。肖（2015）也强调了金融中介组织在发展中国家非常重要。但是他们所倡导的金融自由化政策并没有带来一些国家的金融经济的繁荣，也没有清除二元金融市场结构现象。基于这种情况，麦金农（2014）针对东欧和中国等一些经济转型国家，重新修正了其先前的理论，并提出了类似于 Hellmann 等（1996）所倡导的金融约束论的政策主张（金融控制论）。Ray 在其所著的《发展经济学》（1998 年，中译本 2001 年）中，专门列出一章来论述发展中国家（尤其是农村地区）的金融中介及金融市场问题，他认为，在农村经济领域中，由于信贷市场的特点及贷款执行的法律体系脆弱等原因，农村正规金融中介常常无法有效运转，代之而起的是大量的私人非正式金融中介的活动。对于中国的金融中介产生及演进的规律，张杰（1998）的研究成果颇有独到之处：金融约束框架给予民间金融部门的租金转而给了政府的金融部门，从这一角度出发，在宏观层面上考察当前中国金融中介产生及发展仍具有重要意义。

---

① Allen 和 Santomero（1998）把市场的参与者划分为拥有充分信息的参与者和拥有有限信息的参与者两类。前者全力投入市场，任何时刻都有着完备的市场信息并积极从事金融资产组合的动态管理。后者则只有有限的信息，他们需要金融中介机构的协助才能参与市场投资，金融中介机构因可以通过降低后者的参与者成本而有存在的必要。

因而，运用现代金融中介理论的基本原理，分析当前我国农村金融二元结构（正规金融与非正规金融）的现状、演进特征及效率，或许可以得出一些真解。

2.1.2 现代合约理论

现代合约理论[①]将所有的市场交易（无论是长期的还是短期的，显性的还是隐性的）都看作一种合约关系，并将其作为经济分析的基本要素。信息不对称和交易成本是现代合约理论中的核心概念，也是交易合约设计的最基本原因。现代合约理论认为，既然市场中的经济活动离不开合约，金融活动更是如此，而签订合约必须具备两个基础条件：第一，充分或比较充分的信息；第二，合约的有效履行。因此现代合约理论研究的核心内容就是分析信息不对称情况下的合约不完全的根源，以及合约当事人如何设计一种合约来规范合约当事人的行为问题。因此，有关签订合约的市场信息与合约的有效执行是该理论关注的焦点。

将市场信息范式引入金融合约的分析，是20世纪70年代后期的事情。非对称信息范式被引入信贷市场分析后，人们对信贷市场上的信贷配给[②]所产生的机制及效应的研究进入一个新的视野。

非对称信息指的是某些参与人拥有但另一些参与人不拥有的信息，或者是在

[①] 关于现代契约理论（即现代合约理论）的内容或流派存在着争论。例如，按照 Brousseau 和 Glachant（2002）的观点，主要包括激励理论、不完全契约理论和新制度交易成本理论；Williamson（1991，2002）提出，契约经济学研究方法主要包括公共选择、产权理论、代理理论与交易成本理论；苏启林（2004）则认为主要包括委托代理理论、不完全契约理论及交易成本论；奕颢（1996）认为主要包括企业契约理论、劳动契约理论、不完全契约理论和金融契约理论；李凤圣（2003）根据现代契约理论的主要应用领域，认为该理论主要分析现代企业、经理人市场、融资决策和经济组织等。在本章中不打算综合与比较这些争论，因为本章关心的是如何运用现代契约理论的研究方法来分析农村正规金融与非正规金融并存的现象。详细的论述请参见苏启林的《契约理论的争论与整合》[《经济学动态》2004年（第9期）]、李凤圣主编的《契约经济学》（经济科学出版社，2003年版）、奕颢的《现代西方合约经济学的新进展》[《经济学动态》1996年（第12期）]。

[②] 按照《新帕尔格雷夫经济学大辞典》的解释："信贷配给（credit rationing）就是借款市场的一种状况，其中，按照所报的契约条件，贷方提供的资金少于借方的需求。"有众多的学者对此概念从不同角度进行描述。详细的文献请参见文远华所著的《中国经济转型时期信贷配给问题研究》（上海人民出版社，上海三联书店，2005年版）。另外，金俐对信贷配给、信贷约束、信贷紧缩和信贷歧视概念进行了综合比较，参见复旦大学博士学论文《信贷配给：微观基础与货币政策微含义》。对于信贷市场中的"信贷配给"现象，早期的经济学文献中很早就对此问题进行了大量的关注，并就其产生的机理提出了较多的假说。例如，Kareken（1957）提出的信贷制度限制和市场竞争的不完善因素；Wilson（1954）从银行对资产结构的偏好及因素方面来分析信贷配给的原因；Hodgman（1960，1962）、Freimer 和 Gorden（1965）等提出的风险因素说；等等。综合这些解释，早期经济学者对信贷配给所产生的原因的讨论是在新古典范式中的完全信息下进行的，认为信贷配给要么是外生冲击引起的一种暂时的非均衡现象，要么是政府干预的结果（如政府的借贷规模控制和利用管制等措施）。

市场交易中，交易一方对交易的另一方不充分了解，因而影响交易主体的准确决策。通常将信息占优方（在博弈中拥有私人信息的一方）称为代理人（agent），而将信息居劣方（在博弈中不拥有私人信息的一方）称为委托人（principal）。围绕着委托人和代理人之间的双重差异（信息结构和效用函数的差异），构建的理论模型如表 2-1 所示。

表 2-1　信息不对称模型基本分类

类型	隐藏行动（hidden action）	隐藏信息（hidden information）
事前（ex ante）	—	逆向选择模型
	—	信号传递模型
		信息甄别模型
事后（ex post）	隐藏行动的道德风险	隐藏信息的道德风险

资料来源：张维迎（1994）

早期有关信息不对称理论的开创性文献主要如下：Akerlof（1970）提出了旧车市场模型（Lemons model），该文献开创了逆向选择理论的先河；随后 Spence（1973）分析了劳动力市场上雇员能力的信息不对称问题，从而开创了信号传递理论；Rothschild 和 Stiglitz（1976）分析了保险市场上逆向选择和道德风险问题。然而真正将不对称信息范式引入信贷市场以分析信贷市场中的信贷配给现象是从 20 世纪 70 年代中期开始的。代表性的理论文献有 Jaffee 和 Russell（1976）、Stiglitz 和 Weiss（1981）、Williamson（1987）等。这些文献集中分析了信贷市场上逆向选择和道德风险所导致的信贷配给问题。

在 Jaffee 和 Russell（1976）的模型中，假定信贷市场上存在两类借款人——"诚实的"借款人（会如期偿还贷款）和"不诚实的"借款人（不会偿还贷款），作为贷款人的商业银行事先无法确认或者区别这两类借款人，因而，银行就给予这两类借款人相同的贷款利率。于是，在事先无法鉴别借款人"诚实"的情况下，其平均不还款的概率会高于事先能够鉴别借款人"诚实"情况下的概率，此时，为降低贷款损失，银行索取的贷款利率会高于能够完全鉴别借款人"诚实"情况下（完全信息）的贷款利率。这将导致"诚实的"借款人支付较高的贷款利率，相应地，就会降低贷款的申请，而"不诚实的"借款人也会跟着"诚实的"借款人收缩借贷规模（目的是防止贷款者发现其类型）。这样，作为对信贷市场上逆向选择的一种反应，信贷配给就会出现。

Stiglitz 和 Weiss（1981）证明，在不完全信息下的信贷市场，即使没有人为干预（如政府干预），由于借款人方面存在的逆向选择和道德风险行为，信贷配给可以作为一种长期均衡现象存在。在他们建立的模型中，贷款者（银行）的期望收益不仅取决于贷款利率，还取决于借款人还款的概率。因此，理性的贷款者将同时关注贷款利率和贷款风险。如果贷款利率不会影响交易的性质（如利率独立于贷款风险），它本身可以出清市场。然而当贷款人不能观察借款人的投资风险时，贷款者所执行的贷款利率将以下面的机制来影响贷款风险：①逆向选择效应影响潜在借款人的组成（如提高借款利率将使低风险的借款人退出市场）；②激励效应影响借款者的行为（如提高贷款利率可能诱惑借款人选择更高风险的项目，即借款人的道德风险行为）。因此，此种情况下，当利率影响到市场交易时，利率就不可能保证信贷市场达到均衡状态。于是，在最初难以区分"诚实的"借款人和"不诚实的"借款人时，借款人所意愿支付的利率就可能成为贷款人的一种甄别机制（screening device）。即当利率上升时，借款人的平均风险上升，从而降低贷款者的期望利润，同时也降低了借款人的项目投资回报，贷款人的期望收益不随利率单调上升，如图 2-1 所示。横轴代表贷款利率（r），纵轴代表贷款者的期望收益（π），在利率为 r^e 时，贷款者的期望收益最大，此时的利率 r^e 就是信贷市场的均衡利率。相应地，在利率 r^e 处，贷款的需求超过了贷款的供给，如图 2-2 所示（横轴代表贷款利率，纵轴代表贷款量），$D^e - S^e$ 就是贷款供求的差额，这种差额是由贷款者主动实行的资金配给，而在所有贷款申请中，只有一部分申请者得到满足。得不到贷款的申请人即使愿意支付更高的利率，贷款者也不会增加贷款的供给量，因为较高的利率反而降低了贷款者的期望收益。因此，即使信贷市场没有受到干预，信贷配给也将自然存在。Fried 和 Howitt（1980）证明了由于贷款人和借款人之间的风险分担的合约均衡，导致了信贷配给的出现。对于未来的不确定风险，贷款人与借款人之间的信贷合约，明确了双方所分担未来风险的义务，于是，借款人通过这种信贷合约降低了即期市场的利率波动所带来的损失，当然，借款人需要支付一定成本——向贷款人支付较高的利率。这样，在这种合约供给的过程中，就可能出现信贷配给。Williamson（1987）从监督成本的角度证明了信贷市场上部分借款人将受到银行的贷款配给。在 Williamson 模型中，企业的投资项目实施后，其投资收益仅仅是企业的私人信息，而贷款人无法获取有关投资收益的信息，除非贷款人投入一定监督成本后才能获取，即存在着事后的信息不对称问题。虽然提高利率能够增加贷款人的期望收益，但是，可能导致借款人违约概率增加，借款人违约概率的增加必然增加期望监督成本。这样由于成本增加而导致银行期望收益会下降，从而银行将部分借款人排除在信贷市场之外。

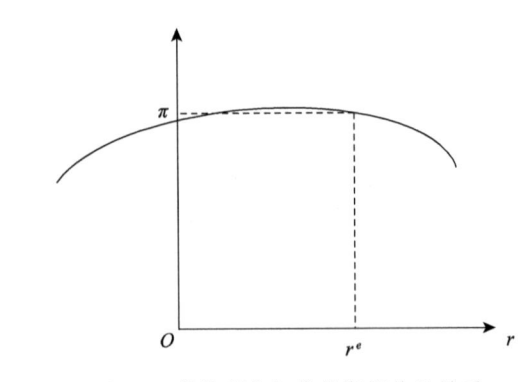

图 2-1 贷款利率与贷款期望收益关系

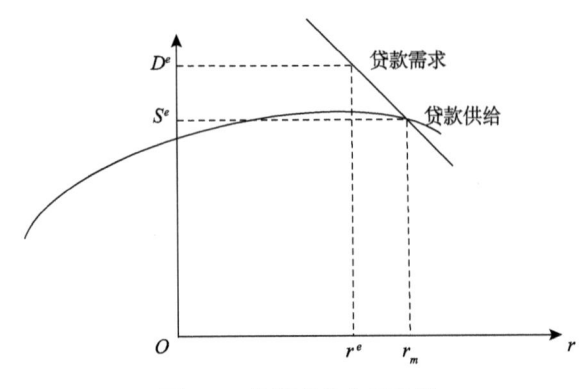

图 2-2 信贷配给市场均衡

合约的执行问题也是现代合约理论关注的一个领域。如果缺乏相应的合约履行机制，任何事前的合约在事后都可能作废，如同一张废纸，信贷合约（或合同）也是如此。在信贷合同执行难（在许多发展中国家还存在大量的选择性执行机制）的情况下，资不抵债可能是违约理由之一，此外还有一些其他的违约理由，因此，借款人可能选择故意违约甚至是欺诈（Eaton，1986）。在合约的执行机制方式上，自动实施合约[①]是最受欢迎的，也是比较节约交易成本的。在合约自动实施的过程中，声誉[②]起了很大作用（借贷合约同样如此），因为对于签约双方而言，在签订合约时，他们不仅考虑到当前的收益，还要顾及未来的经济收益；既要考虑自身利益，又要顾及未来可能对自身产生影响的交易方的诉求。在一个重复博弈的模型中，一个人自身的行动会影响别人的未来选择，别人能够通过这个人的自身行动来确定其履约能力，判断其信誉状况，并以此确定是否与

[①] 自动实施合约是指合约当事人依靠日常习惯、合作诚意和信誉来执行合约，这并不排斥法院在履行合约中的强制作用。

[②] 有关声誉机制讨论的经典文献可以参考 Kreps 等（1990）、王永钦（2005）。

其建立合作关系。当然，声誉机制的有效实施，需要完善的信息共享制度。Ghosh 和 Ray（2001）考察了借贷合约很少利用法律制度来执行的非正式借贷市场，同时结合重新借贷模型，发现缺乏信用信息共享机制时，增加信贷市场的竞争依然不可能缓解信贷配给问题。另外，Lopea 等（1997）认为法律制度和司法执行效率均会对信贷市场结构及效率产生重要影响。

在农村金融市场上，除了借贷双方信息严重不对称外，农村借款人的投资风险，以及金融机构对借款人的监督成本都可能较高，借鉴这些合约理论分析工具，将可能较好地说明农村正规金融退出农村领域，而非正规金融能迅速成长的微观原因。

2.2　信贷合约的理论分析

在许多发展中国家的农村金融市场上，正规金融[①]通常是政策决策层所关注的焦点，并确定为农村金融市场的主力军，然而，农村正规金融往往面临着市场失灵与政府失灵的双重约束，这种双重约束导致了农村金融市场萎缩，金融机构经营效率低下，广大农民和中小企业得不到必要的发展资金。除了正规金融之外，还存在着与正规金融平行的非正规金融。尽管非正规金融在我国目前仍处于"非法"地位，非正规金融资本进入正规金融领域的合法途径存在障碍，但众多研究者发现，在经济转型期间，非正规金融在中国农村经济领域内活动相当普遍，并且对当地经济发展影响越来越大。

针对这种正规金融与非正规金融并存的农村二元金融结构现象，金融抑制理论认为，发展中国家的政府为了推进工业化，对金融部门采取金融抑制政策，或者政府出于纠正市场失灵等原因对农村金融体系进行干预和抑制，从而导致广大农民和小企业无法从正规金融获得贷款，而求助于非正规金融组织；只要解除金融抑制，实行金融自由化，就可以消除非正规金融活动，但是目前发展中国家的实践并没有支持这一理论假说。

而当前流行的不完全信息范式认为，由于信息、交易成本、垄断和外部性等原因，农村正规金融机构无法运用市场机制配置信贷资金，而农村非正规金融机构恰恰具备了正规金融所不具备的诸如抵押、信息和交易成本等优势，使得非正规金融具有顽强的自生能力（viability）。因此，运用信息经济学、现代合约理

---

① 按照 Adams 和 Fitchett 的界定：受到中央货币监管当局或者金融市场监管当局监督与管理的金融行为或组织，称为正规金融；中央货币监管当局或者金融市场监管当局监督与管理之外发生的所有金融活动或组织，称为非正规金融；介于这两者之间的金融行为或组织，称为准正规金融。

论等分析工具来考察正规与非正规金融运行机理是重要的研究方向，应用这些分析工具关键在于分析正规与非正规借贷合约的微观机理，从而揭示正规金融与非正规金融并存的微观原因。

在一些农村信贷市场上，不但农村借款人的投资风险高，而且借贷双方之间的信息对称程度相当低，贷款人对借款人的监督成本亦较高，因而，借鉴现代合约理论分析工具，可以得出：由于信贷活动可以通过信贷合约来完成，故一项运行有效的信贷合约要处理好合约中的甄别、激励、监督与合约履行机制问题；然而信息获取、信贷合约设计与履行均要花费成本，不同贷款人依据自身特征、信息禀赋状况等，对借贷合约中的甄别、激励、监督与合约履行问题实施不同的策略，这便构成了正规与非正规信贷合约的微观差异基础。

2.2.1 现代合约理论视角的信贷合约

现代合约理论认为，所有的市场交易均可以还原成合约关系（并以此作为经济分析的基本要素），这样任何一种经济活动都离不开合约，并且对一项经济交易的调节可以通过显性或隐性的合约来实现。签订合约时，合约内容确定了合约参与人在何种状态下应采取何种行动，以及合约参与方如何分享该行动所产生的收益和分担该行为所带来的风险。相应地，各类金融交易也可还原成金融合约，并通过这些金融合约来调节金融活动。借贷协议、债券、股票和保险单等显性金融合约，实质上就是规制金融交易行为的凭证或文件协议。除了运用这些显性的金融合约来调节金融活动，还存在着各种隐性金融合约来调节金融交易。从合约权利与收益的配置状况来看，金融合约可以分为权益型、债务型、衍生型和混合型四种类型，正规与非正规金融交易的合约形式主要表现为以上四种类型。

探究不对称信息下合约不完全的根源问题，以及如何在不对称信息条件下，设计一种合约来约束或规范合约参与人的行为问题，是现代合约理论所探讨的核心内容。因此，一项有效合约所必需的两个基本要素——充分或较充分的市场信息和合约的履行机制，就成为现代合约理论重点关注的内容。

20世纪70年代，研究者们开始运用信息范式来分析金融（信贷）合约的结构及效应，运用不对称信息概念来剖析信贷市场上的信贷配给问题，这使人们对信贷配给所产生的机制及效应有了一个全新的认识。Stiglitz和Weiss（1981）证明，在信贷市场上，如果借款人和贷款人之间的信息存在着不对称，则贷款人因为借款人所存在的逆向选择和道德风险行为而实施贷款额度的配给，因此，在信息不完全的信贷市场上（即使没有人为的干预），信贷配给将作为一种长期均衡现象而存在。Williamson（1987）证明，签订合约后，贷款人必须付出一定监督成本，才能获知投资项目所实现的收益，而这种监督成本的付出会引起贷款人的期望收益降低，当期望收益降低到某一临界值时，则贷款人将拒绝向一部分借款人发放贷款。

现代合约理论所关注的另一个关键领域就是合约履行机制问题。现代合约理论认为，如果签订合约后，合约所确定的行动结果不能得到有效的履行，则任何事前的合约将变成一张废纸。信贷合约亦不例外，当信贷合约的履行和违约惩罚相关制度安排不完善，甚至执行相当困难时，则借款人选择策略性的故意违约的动机将增加，有时可能会选择欺诈手段。

因此，现代合约理论指出，由于交易参与者的机会主义行为，以及经济现实的不确定性与复杂性，一项经济（金融）合约的有效性取决于两个基本条件，即充分的或较充分的信息和合约的有效履行。因而，对任一借贷合约的设计，必然面临着（签约前或签约后）不对称信息问题和（签约后）合约的履行机制问题。具体来讲，一项运行有效的借贷合约要处理好甄别、激励、监督与合约履行问题。一是甄别问题。借款人风险类型存在差异，而贷款人没有充分的、系统的信息来区别借款人类型；另外，借款人在贷款偿还能力及意愿上亦存在着差异，并且偿还能力主要取决于借款人的生产能力及积累财富的能力。由于信息不对称，贷款人面临着逆向选择而不能利用价格机制（利率）来出清市场。二是激励问题。给定信息不对称条件，借款人也许具有机会主义行为，从而造成贷款人面临道德风险。为了克服这一问题，贷款人将招致极高的成本，因此，如果有成本的监督问题可以避免的话，则信贷合约的设计必须满足借款人的激励相容约束以及贷款人的要求。三是监督问题。一旦贷款发放，诸多因素均可能导致借款人的还款能力及还款意愿发生变化，贷款人必须花费成本来观察这些因素变化可能引起的还款率的变化，以及诱使借款人从事合同约定的生产活动。如果借款人差异极大，则贷款人招致的成本将会很高。四是合约履行问题。信贷合约到期后，强迫借款人偿还贷款通常比较困难，特别是制度及法律基础设施不健全，以及法律程序极其昂贵的发展中国家；而传统式的抵押（即使存在）也不可能保证贷款及时偿还。

2.2.2 两类信贷合约的微观差异

由于信息获取、信贷合约设计及履行合约均要花费成本，贷款人依据借款人自身特征、信息禀赋状况等，对借贷合约中的甄别、激励、监督与合约履行机制等关键性因素进行安排，设计出满足借贷双方需要的信贷合约。正规金融机构（农村或城市商业银行）将主要运用标准的信息来甄别借款申请人，审查财务报表、定期检查借款人,以及依据法律机制保证合约履行。相反,非正规金融组织(友情借贷、关联贷款、储金会、钱背和私人钱庄等)运用各种创新方法向潜在借款人扩展信贷。例如,利用人格化的信息来甄别借款申请人;通过走访来监督贷款的使用;运用动态激励机制等来改进未来借款条件,并以此作为激励相容机制;通过道德机制、(双边或多边)信誉机制,甚至非法暴力等私人治理机制方式来保证合约执行的实现。因此,由于甄别、激励、监督与合约履行机制等差异,正规与非正规信贷合约设计及治理表现出诸多差异,参见表2-2。

表2-2　正规与非正规信贷合约安排的微观比较

借贷类型	甄别策略	监督策略	激励相容机制	合约履行机制
正规借贷 (农村或城市商业银行)	A.审计财务报表 B.审查投资计划书 C.信用记录及报告 D.信用评级得分	A.定期检查 B.审计财务报表 C.监督贷款支出	A.真实资产抵押 B.第三者担保 C.定期向信贷部门提供报告	A.失去抵押担保品 B.法律强制手段
非正规借贷 (友情借贷、关联贷款、储金会、钱背和私人钱庄等)	A.因地理位置邻近而获得借款人信息 B.通过邻居、同事、亲友和个人观察等收集信息 C.重复交易等方式的试错法 D.互助成员的自我选择机制	A.个人走访 B.期限短、还款频率高的放贷 C.按计划分期偿还贷款 D.互助成员之间定期开会 E.同伴监督	A.重复性交易 B.社会关系及其相互作用 C.动态激励 D.向其他组织或个人公示违约者 E.向借款人提供存款等金融服务便利	A.道德机制 B.声誉机制 C.关联交易 D.非法暴力或黑社会机制

资料来源:在Joshi的 *Access to credit by hawkers: what is missing? Theory and evidence from India* 和卓凯的《非正规金融契约治理的微观理论》的基础上整理而成

从表2-2可以看出,正规信贷与非正规信贷合约安排的微观差异主要体现在以下方面。

1. 甄别策略

在给定跨期金融交易和异质的借款申请人条件下,甄别有助于贷款人决定是否发放贷款以及在何种条件下发放贷款;甄别允许贷款人确定申请人的还贷意愿与还贷能力,并以此决定发放贷款额度,或者可能拒绝申请人的贷款申请。小企业或者农户风险类型存在较大差异,而贷款人没有充分的信息来区别其类型;同时,他们在贷款偿还意愿与偿还能力(且偿还能力主要取决于借款人生产能力及积累财富的能力)上亦存在着差异。基于这种信息不对称,贷款人面临着逆向选择而不能利用价格机制来出清市场。因此,在甄别策略上,非正规贷款人(组织)可以依据社会关系,或者基于地理相近或职业联系因素而获得本地信息，或者用重复交易等方式的试错法，以及互助成员之间的自我选择机制来作为甄别借款申请人的机制；而正规金融机构更多的是通过审计财务报表、审查投资计划书、信用记录及报告和信用评级得分等标准信息方法来甄别潜在借款人的类型。

2. 监督策略

监督有助于贷款人确保借款人是否改变初始的还贷能力和还贷意愿，这种改变要么是通过改变自身努力，要么是外生的变动。一旦贷款发放，诸多因素均可能导致借款人的还款意愿与还款能力发生变化，贷款人必须花费成本来观察这些因素变化可能引起的还款率的变化，以及诱使他们从事合同约定的生产活动。如果借款人差异极大，则贷款人招致的成本将很高。于是，非正规放贷人（组织）可通过随时走访借款人来监督贷款的使用，以及通过借款人定期开会、定期偿还部分贷款等作为一种监督策略；另外，基于联合负债的借贷合约就是以团体成员集体承担还款义务为条件而向个人发放贷款，因此该方法可以诱导团体中的借款成员相互监督，从而缓解道德风险问题。相反，正规金融机构的监督方式比较标准，如定期检查借款人经营状况、审计借款人财务报表和监督其贷款支出等方式。

3. 激励相容机制

信贷合约设计确保激励相容约束，通过这种机制，借款人偿还贷款享有某种好处；如果不及时偿还贷款，将失去抵押（担保）品，或者未来与贷款人关系因此而恶化再也不能获得贷款。给定信息不对称条件，借款人也许具有机会主义行为，从而造成贷款人面临道德风险。为了克服这一问题，贷款人招致极高的成本。因此，如果要避免有成本的监督问题，则信贷合约的设计必须满足借款人的激励相容约束条件。例如，信贷规模的逐渐增加将作为一个偿还激励机制，当借款人没有及时偿还贷款时，则削减其未来可能再贷款及相关金融服务项目，这对没有其他选择的借款人而言，是一个较强的合约激励机制。非正规金融组织可以通过重复性交易、社会关系及其相互作用、动态激励和向借款人提供存款等金融服务便利，甚至向其他组织或个人公示违约者等，来保证借贷合约在设计上的激励相容。而正规金融部门则通过真实资产抵押、第三者担保、定期向信贷部门提供报告等方式，确保信贷合约的激励相容。

4. 合约履行机制

信贷合约履行机制能帮助借款人对其违约责任负责。一般来讲，在制度及法律基础设施不健全，以及法律等第三方裁决制度相对薄弱或者法律执行成本极其昂贵的地区，强迫借款人偿还贷款通常比较困难；即使存在传统的抵押也不可能完全保证贷款的及时偿还。因此，非正规放贷人（组织）可以利用社会道德、声誉机制促进借贷合约有效执行，特别是生活在同一社区的交易双方，声誉作为一种行为约束规则，通过动态的激励约束机制保证信贷合约的履行。其作用的机理就是履行诺言的借款人能得到连续的、更多的和更优惠的贷款，而不守信用的借款人会受到未来不能获得贷款的制裁，并且随着信息的扩展，其他潜在贷款人也不会向其发放贷款，从而不履行诺言的借款人就会失去未来获得贷款的机会，这种长期利益的存在约束了借款人的机会主义行为。另外，利用关联交易可以把信贷支持纳入农业生产链，将还贷能力控制在一定弹性范围内，从而促进借贷合约有效执行。极端的情况就是非正规放贷人（组织）还可能利用非法暴力或黑社会机制来保证信贷合约的履行。而正规金融机构，则主要利用法律强制手段，或者出售借款人的担保品等方式，保证信贷合约的有效执行。

因此，在许多发展中国家，同城市信贷市场相比，农村信贷市场所面临的信息、激励与合约履行机制约束问题更为严重，从而导致农村正规金融机构面临着甄选、监督、激励与合约履行问题，并且成为农村金融市场构建的微观障碍。因此，在正规金融不完善的情况下，非正规金融发挥了一定的替代性的经济功能，有助于小企业经营者获得外源性融资，从而分散生活或经营风险。非正规金融之所以具有这种优势，其关键在于：非正规金融能通过借款申请人自身、家庭和社区等特征变量，系统地运用信息和经济激励办法，设计出适宜于借款人的信贷合约，从而克服借贷双方的信息不对称和信贷合约履行问题。

2.2.3 结论性评价

在许多发展中国家，尤其是农村地区，信息、激励与合约履行机制约束成为农贷市场构建的微观障碍，这必然导致：一是甄别借款申请人成本过高，因而贷款人面临着逆向选择问题；二是贷款发放后，缺乏有关借款人的行为信息，即没有充分有效的机制来约束其行为，因而，贷款人面临着道德风险问题；三是由于缺乏有关借款人偿还贷款决定及其机会主义行为的信息，贷款人需要花费极高的成本来证实其能否偿还债务及履行贷款合约。

而现代合约理论将信贷活动还原成信贷合约关系，分析信贷合约的签订及履行问题，基于此，对任一借贷合约的设计，必然面临着（签约前或签约后）不对称信息问题和（签约后）合约的履行机制问题。具体来讲，一项运行有效的信贷合约要处理好以下问题：一是甄别问题；二是激励问题；三是监督问题；四是合约履行问题。而不同贷款人对信贷合约中的上述问题所实施的策略不同，便成为正规与非正规信贷合约的微观差异。这种差异的原因在于信息获取、信贷合约设计和履行合约均要花费成本，贷款人依据自身特征、信息禀赋状况等，对信贷合约中的甄别、激励、监督与合约履行机制等要素实施对应的策略，从而设计出满足借贷双方需要的信贷合约。对正规金融机构来讲，主要运用标准的信息来甄别、监督借款人，以及依据法律机制保证合约履行。相反，非正规金融组织运用各种人格化的信息来甄别、监督借款人；运用动态激励机制等来改进未来借款条件，并以此作为激励相容机制；通过道德机制、信誉机制，甚至非法暴力等私人治理机制方式来保证合约执行的实现。

因此，非正规金融不仅对信息有着深刻的把握与理解，还能给出特殊治理机制与其合约相匹配。这样，对于身份各异的需求群体而言，他们对金融服务的需求也不尽相同，进而，应注重内生型金融体系的培育，尤其是在底端信贷市场上，潜在的金融服务不仅包括正规金融，还包括一些非正规金融。正规金融具有处理标准信息的合约优势，从而可以跨空间媒介资金，这一点在农村地区亦相当重要；相反，依赖本地资源的非正规金融部门不能在更大范围内媒介资金，但其比较优势体现在可获得身份各异的借款人私人信息。如果将这两个部门的比较优势综合起来，可以得出深化、整合农村信贷市场重要策略。另外，政府应积极改进借贷合约履行的法律环境、贷款担保品的运用，以及建立贷款人之间的信息分享网络等基础设施。

第3章 信贷合约与农村信贷市场分割性
——来自农村中小企业数据的实证研究

大量的理论研究与经验分析（McKinnon，1973；Hoff et al.，1993；Esguerra et al.，1993；Conning，1995；Meyer and Nagarajan，1997；Aryeetey and Udry，2000；Banerjee，2003）表明，许多发展中国家的农村金融市场存在着严重的"分割"特性。从这一角度讲，根据借款人、贷款人和金融活动特征，以及其他交易环境的变量，不同类型的借款人系统性地匹配（assortative matching）不同贷款类型和贷款中介；通过有限地进入和机会的组合，同一市场上的借款人在使用金融工具上差异很大，表现为：贷款所索取的利率、担保的类型与数量、花费贷款上的监督资源与合约执行，以及贷款是否将与其他市场交易相联系，等等。

事实上，在农村信贷市场上，参与借贷的双方具有较强的异质性。从需求角度看，借款人向贷款人显示其信誉（偿还意愿及能力）的信息禀赋方面存在着强烈的差异。从供给方面看，有标准型和异质型（非标准型）信息来支持贷款人的放贷行为，正规贷款人基于借款人所提供标准信息禀赋能力而放贷，即在处理及应用标准型信息方面具有比较优势；相反，非正规金融部门在处理及应用异质型信息方面具有比较优势，从而，对信息处理方式的差异导致贷款人存在差异。这样，借贷双方的异质性使得借贷双方出于节约交易成本的目的而进行匹配，于是农村信贷市场上存在着"正向分类相聚"（positive assortative matching）（张海洋和平新乔，2010），进一步讲，就可能形成相互独立的正规与非正规信贷市场（即农村信贷市场的"分割"特性）。另外，借贷交易的总收益也会受借贷双方相互匹配的影响（Sanchez-Schwarz，1996），进而影响农村信贷市场的效率。因此，基于信息范式，以农村信贷市场上的信贷匹配为切入点来理解与把握农村信贷市场分割的微观机理，以及农村信贷市场的运行效率，具有重要理论意义与政策启示。

依据 Crawford 和 Knower（1981）、Burdett 和 Coles（1999）的分析，信贷匹配就是这样一种函数：同时考虑借贷双方的参与约束条件下，将一类型借款人指定给相应某一类型贷款人。对农村企业（借款人）来讲，他们向贷款人显示其信誉的信息禀赋存在着诸多差异，依据企业（借款人）所拥有的向贷款人显示其信誉的标准信息禀赋（如经营许可证、资产证明、社会关系资本等），来确定企业（借款人）的正规程度。拥有较多的标准信息禀赋，就意味着企业（借款人）的正规程度高，相反，就是非正规借款人。对贷款人而言，信息收集及其在甄别、监督与合约执行方面的应用是其所采用的贷款技术核心问题，在处理及应用标准信息方面，具有比较优势的贷款人就称为正规贷款人（如商业银行），而对于基于"人格化"较强的非标准信息的处理，具有比较优势的就是非正规贷款人（如职业放贷人）。这样，借款人某类信息禀赋保证其以较低成本获取借款，同时，其对应的贷款人的某类贷款技术使得该贷款人以较低成本甄别或监督借款人，这时信贷匹配就会出现，此时，借贷双方的总收益最大。

在经济现实中，Nagarajan（1992）研究发现，在菲律宾农村信贷市场上，作为贷款人的贸易商配置大部分贷款给较富裕的农民，而作为贷款人的小农场主将更多贷款发放给贫困农民，他认为这种信贷匹配是贷款人专业化分工的结果。Esguerra（1993）建立了一个农业生产信贷的合约模型对菲律宾农村非正规金融市场进行研究，进一步证实了贸易商专门倾向于对富裕农民放贷，而小农场主对无地农户或仅处于生存水平的农民放贷。Floro 和 Yotopoulos（1992）、Esguerra 等（1993）所提供的证据表明，农村非正规信贷市场上借贷双方是根据各自人格特征或商业关系来进行匹配的。Sanchez-Schwarz（1996）和 Joshi（2005）分别针对墨西哥农贷市场、印度小型企业信贷市场的信贷匹配问题进行实证分析，研究发现正规程度高的借款人，最有可能与正规程度高的贷款人进行金融交易、相互匹配。而针对中国转型期的农村借贷问题，张海洋和平新乔（2010）发现我国民间借贷市场上，存在着"正向分类相聚"现象，即穷人更可能向穷人借款，而富人更可能向富人借款；另外，学者们对农村正规与非正规借贷各自的运行机制、利率特征、相互作用等方面进行分析（陈雨露和马勇，2010；韩俊等，2007；温铁军，2005；林毅夫和孙希芳，2005；张杰，2005）；而且陈雨露和马勇（2010）、韩俊等（2007）、张杰（2007）对中国农村信贷市场上农户融资行为进行了实证研究，但是，实证研究的理论基础并不是基于信贷匹配模型推导而来的。

综合以上研究结果，可以看出：第一，更多的研究集中分析非正规信贷匹配问题，且国内研究鲜有将非正规与正规借贷问题纳入统一的分析框架中的；第二，实证计量方法普遍使用的是多项式 Logit 模型（multinomial Logit model），但该模型不能处理因变量（借贷类型）的有序多分类问题（Liao，1994）。针对这些研究缺憾，基于 Sanchez-Schwarz（1996）和 Joshi（2005）的研究框架，我们构建正规与非正规信贷匹配（农村信贷市场分割）的理论模型，并运用重庆市农村中小企业借贷的调查数据，计量检验农村信贷匹配（农村信贷市场分割）及决定因素。

3.1 理论模型

3.1.1 借款人行为

借款人假定为风险中性的、期望利润最大化的经济人，他用项目收益偿还贷款。设定 $Y(K,Z,\gamma)$ 为借款人生产函数，K 为贷款规模，Z 为生产性资产存量，γ 为有关借款人正规性特征（标准信息禀赋）变量，且存在着 $\partial Y/\partial i > 0$、$\partial^2 Y/\partial i^2 < 0$ 和 $\partial^2 Y/\partial i \partial j > 0$。

借款人起初以利率 r 申请到额度为 K 的贷款，在期末，以价格 P 销售项目产品后，偿还贷款本息 $(1+r)K$（令 $1+r = R$）。而用于偿还贷款的项目收入存在着不确定性，它主要来源于不可控制的生产和价格风险。但借款人最关心的是不确定性对项目收入的影响，因此定义非负连续随机变量 ε 为收入不确定，在区间 $[\underline{\varepsilon},\overline{\varepsilon}]$ 上服从累积密度函数 $F_\psi(\varepsilon)$（ψ 为借款人风险类型）。假定借款人不存在策略性违约行为，则当 $(1+r)K > \varepsilon \cdot Y$ 时，将出现非自愿性违约，进而有 $\hat{\varepsilon} = RK/Y(K,Z,\gamma)$，$\hat{\varepsilon}$ 为 ε 的临界值。当 $\varepsilon < \hat{\varepsilon}$ 时，存在非自愿违约；当 $\varepsilon > \hat{\varepsilon}$ 时，项目收益可以偿还贷款本息，而借款人净收益为 $\varepsilon \cdot Y(\cdot) - RK$。于是，根据 Joshi（2005）的基准框架可得出，对称信息且无交易成本下，借款人期望利润由下式给出：$\max_K \rho = \int_{\hat{\varepsilon}}^{\overline{\varepsilon}} \varepsilon \cdot Y dF_\psi(\varepsilon) - RK\left[1 - F_\psi(\hat{\varepsilon})\right]$。

定义 $\gamma \in [0,1]$，就意味着借款人类型是从无标准信息禀赋到高标准信息禀赋的连续统，$\gamma = 0$ 表示借款人标准信息禀赋最少，正规程度低；$\gamma = 1$ 表示借款人标准信息禀赋最多，正规程度高。由于 γ 的异质性，当借款人申请贷款时，要投入资源以显示其信誉，了解合约特征、贷款人甄别标准，从而产生一些借款交易成本。假定借款交易成本用 $C^{ij}(\lambda,\gamma)$ 表示，λ 为贷款技术（贷款人类型），$C^{ij}(\lambda,\gamma)$ 可以贷款来源（F 代表正规贷款人，IF 表示非正规贷款人）的比例作为权重，对总交易成本进行加权，则有 $C(\lambda,\gamma) = \lambda C^F(\gamma) + (1-\lambda)C^{IF}(\gamma)$，其中，$\partial C/\partial \lambda > 0$，$\partial^2 C/\partial \lambda^2 < 0$；$\partial C/\partial \gamma < 0$，$\partial^2 C/\partial \gamma^2 < 0$。

借款人标准信息禀赋包括政府所颁发的许可证等经营证件，资产证明，会计账簿、社会关系资本等，这些信息禀赋对申请人来讲，很容易地向使用正规贷款技术的贷款人显示其信誉。当最大化利润的借款人 i 从贷款人 j 申请到额度为 K^{ij} 的贷款时，借款总成本 R^{ij} 可以写成：$R^{ij} = R(K^{ij}) + C^{ij}(\lambda, \gamma) / \left[K^{ij} \left[1 - F_\psi(\hat{\varepsilon}) \right] \right]$。

3.1.2 贷款人行为

贷款人亦假定为风险中性的、期望利润最大化的经济人，贷款人提供标准债务合约。贷款人索取利率为 r，令贷款资金成本为 $H(\lambda)K$，其中，$H(\lambda) = 1 + h(\lambda)$，$h$ 为贷款的机会成本，λ 为贷款技术（贷款人类型），贷款技术 λ 越完美，则正规贷款人越倾向于使用低机会成本的资金。如果借款人偿还了贷款，贷款人回收资金 $(1+r)K$，否则，贷款人回收资金将少于 $(1+r)K$。这样，基于 Sanchez-Schwarz（1996）的分析思路，若贷款交易成本为零，则贷款人最优化问题为 $\max_K \omega = \int_\varepsilon^{\hat{\varepsilon}} \varepsilon \cdot Y(K, Z; \gamma) \mathrm{d}F_\psi(\varepsilon) + RK \left[1 - F_\psi(\hat{\varepsilon}) \right] - H(\lambda) \cdot K$，该式中第一项代表项目收益不足以偿还贷款时的贷款人所得，第二项代表项目收入足以偿还贷款时的贷款人收入，第三项表示贷款人可贷资金的机会成本。

现假定贷款人市场为竞争性的，且定义贷款技术 $\lambda \in [0, 1]$，$\lambda = 0$ 时，存在非正规贷款技术，彻底地运用人格化信息以甄别与监督；$\lambda = 1$ 时，存在正规贷款技术，彻底地专门运用标准化信息进行甄别，或引入传统担保品来保证偿还的激励；同时假定 $\partial H / \partial \lambda < 0$。

贷款交易成本包括甄别成本、监督成本与回收贷款成本。非正规贷款人能够通过地缘相近性、友情关系、商业关系等方式来了解其顾客与回收贷款；正规贷款人将用借款人所具有的标准信息禀赋来评估其信誉，以及运用法律手段来保证借贷合约的履行。假定贷款交易成本以 $G(\lambda, \gamma)$ 表示，$G(\lambda, \gamma)$ 可以借款人（正规和非正规借款人）比例作为权重，对总贷款交易成本进行加权，则有 $G(\lambda, \gamma) = \gamma G^{\mathrm{F}}(\lambda) + (1 - \gamma) G^{\mathrm{IF}}(\lambda)$，其中，$\partial G / \partial \lambda < 0$，$\partial^2 G / \partial \lambda^2 < 0$；$\partial G / \partial \gamma < 0$，$\partial^2 G / \partial \lambda^2 < 0$。

这样信贷合约选择程序如下：借款人向每一贷款人选择最优的 $K(\mathrm{i.e.} K^*)$，然后选择最优的贷款人，从而最优化其期望利润。假定贷款市场上贷款人可自由进入与退出，从而限定了贷款人的利润为零，而借款人获得了最低保留利润水平。

3.1.3 信贷合约均衡

假设存在 N 类借款人 ($i=1,2,\cdots,N$) 和 M 类贷款人 ($j=1,2,\cdots,N$)，给定贷款交易成本，贷款人提供有限系列的贷款规模与利率组合的贷款合约，潜在借款人在可选择的贷款人中间选择最有利的贷款合约。令 $\omega^{ij}\left[K^{ij},R(K^{ij})|\cdot\right]$ 代表贷款人 j 向借款人 i 发放贷款时所获得的期望利润 [其中，$R(K^{ij})$ 为在给定贷款规模下最大期望利润的利率]，相应地，令 $\rho^{ij}\left(K^{ij},R^{ij}|\cdot\right)$ 为借款人 i 从贷款人 j 申请到贷款所获得的期望利润，借款交易成本的不同对应着不同类型的贷款人。这样，异质型贷款人提供了一系列针对不同借款人的贷款合约单，就构成了贷款人总供给曲线，进一步定义为

$$R^i = R^i(K) = \min R^{ij}\left[K^{ij}, Z_i, \psi_i, \gamma_i, H(\lambda_j), G^{ij}(\lambda_j, \gamma_i), C^{ij}(\lambda_j, \gamma_i)\right]$$

借款人 i 在贷款人 j 的参与约束下，从贷款人 j 那里获得贷款 K 以最大化其利润，即

$$\max_K \rho^{ij} = \int_{\hat{\varepsilon}}^{\bar{\varepsilon}} \varepsilon \cdot Y(\cdot) \mathrm{d}F_\psi(\varepsilon) - RK[1 - F_\psi(\varepsilon)] \qquad (3\text{-}1)$$

$$\text{s.t. } R^i = R^i(K); \quad K^{ij} \geq 0$$

式（3-1）的第一项表示借款人从项目中获得的期望收入，此时贷款本息能全部被偿还，第二项表明 ε 值足以保证借款人满足合约义务及保持一定经济剩余。

同样，给定借款人选择，则贷款人利润最大化问题为

$$\max_j \left[\max_K \rho^{ij}\left(K^{ij}, R | C^{ij}(\lambda, \gamma)\right) \right] \qquad (3\text{-}2)$$

$$\text{s.t. } \omega^{ij}(K^{ij}, R) = 0$$

$$\rho^{ij}(K^{ij}, R) \geq \rho_0; \quad K^{ij} \geq 0$$

式（3-2）最优化问题使借款人能够选择更优的贷款合约，以及对应的贷款人类型 λ_j。

信贷匹配模型要阐明的是贷款人最优选择如何随其借款人类型的变化而改变。借款人选择 λ 类型贷款人以最大化其期望利润，进而均衡信贷合约将最大化两者期望利润的总剩余 (χ^*)，在竞争性贷款人市场条件下，贷款人利润为零，总经济剩余就等于借款人利润减去借款交易成本和贷款交易成本，从而有

$$\max_\lambda \chi^*(\lambda, \gamma) = \rho^{ij}(\cdot) - C(\lambda, \gamma) - G(\lambda, \gamma) \qquad (3\text{-}3)$$

根据 ρ^{ji}、$C(\lambda, \gamma)$、$G(\lambda, \gamma)$ 和 $R = H(\lambda)$ 的代数式，式（3-3）最优化解存

在的一阶和二阶条件分别为 $\chi^*_\lambda = 0$、$\chi^*_{\lambda\lambda} < 0$。为了分析 λ 如何随着 γ 变化而变化，对 χ^*_λ 进行全微分，则有 $\chi^*_{\lambda\lambda}\mathrm{d}\lambda + \chi^*_{\lambda\gamma}\mathrm{d}\gamma = 0$，即 $\mathrm{d}\lambda/\mathrm{d}\gamma = -\chi^*_{\lambda\lambda}/\chi^*_{\lambda\gamma}$。

通过数学证明[①]可以得出 $\chi^*_{\lambda\gamma} > 0$，从而 $\mathrm{d}\lambda/\mathrm{d}\gamma$ 的符号为正，即当 $\gamma \to 1$ 时，则必有 $\lambda \to 1$；同样，当 $\gamma \to 0$ 时，则必有 $\lambda \to 0$。进一步，得出以下命题。

命题 3-1：当信贷匹配成立 $(\mathrm{d}\lambda/\mathrm{d}\gamma > 0)$ 时，正规借款人比非正规借款人更容易获得正规贷款人的贷款，而非正规借款人更可能与非正规贷款人进行借贷交易，如图 3-1 所示。

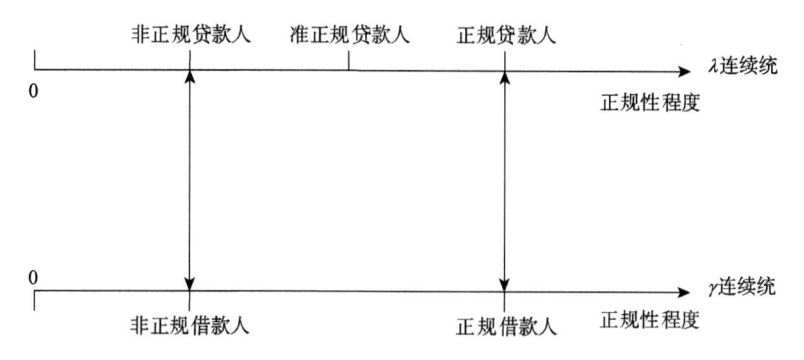

图 3-1　信贷匹配情形

从以上理论命题可知，在借、贷款人连续统上，随着显示或观察信誉的能力的提升，信贷匹配将会出现。这样在连续统的高端处 $(\gamma \to 1)$，正规程度高（标准信息禀赋高）的农村中小企业（借款人），向正规贷款人（即处理标准信息具有比较优势的贷款人）$(\lambda \to 1)$ 显示其信誉的能力比较强，从而两者更容易进行借贷交易。而在连续统的低端处 $(\gamma \to 0)$，正规程度低的农村中小企业（借款人），向正规贷款人显示其信誉的能力相当低，但其信誉容易被非正规贷款人 $(\lambda \to 0)$ 所观察，进而更容易从非正规贷款人那里获取贷款。

因此，从该理论命题可以推出：借款人（农村中小企业）所拥有的标准信息禀赋状况（正规性程度），将影响其从不同类型贷款人那里获得贷款的概率，即正规程度高的借款人（农村中小企业）从正规贷款人那里获取贷款的概率更大；相反，正规程度低的借款人（农村中小企业）从非正规贷款人那里获得贷款的概率相对较高。进而，该命题亦构成了以下计量分析的理论基础。

---

① 由于数学证明篇幅较长，在此省略。

3.2 计量模型与变量、数据说明

本节运用有序多分类 Logit 模型（ordered Logit model，OLM），来估计不同类型借款人（农村中小企业）从不同贷款人（正规、准正规和非正规贷款人）那里获取贷款的概率，从而检验上述理论假说。

由于本章所使用的因变量是离散型的，且具有排序性质（从贷款技术连续统看），则计量检验模型不采用普通线性回归模型（该模型要求因变量之间的跨度为连续统一的）和多项式 Logit 模型［Liao（1994）认为该模型不能解释因变量的有序多分类属性］。这样，当因变量由于借贷匹配模式而分为不同类型时，则OLM 有助于估计特定借款人从某一特定贷款人那里获取贷款的概率。

3.2.1 计量方法说明

在 OLM 中，存在一潜在回归式：

$$y^* = x' \cdot \beta + \varepsilon$$

潜在变量 y^* 值从 $-\infty$ 到 ∞，且是观察变量的映射。变量 y 通过下列关系提供有关 y^* 的不完全信息：$y_i = m$，如果 $\tau_{m-1} \leqslant y_i^* \leqslant \tau_m$，对于 $m = 1, 2, \cdots, J$，其中 τ 为割点，且 $\tau_1 = -\infty$，$\tau_J = \infty$，对于所有正值概率，则存在着 $\tau_1 < \tau_2 < \tau_3 < \cdots < \tau_J$。极大似然函数用来估计 y^* 关于 X 的回归。

在有序多分类 Logit 定义式中，有关观察值 i 的概率对应着被估计线性函数的概率加上随机误差［随机误差被假定服从累计分布函数 $\Lambda(\cdot)$，且其密度概率函数 $\lambda(\cdot)$ 属于被估计的割点范围之内］，因此：

$$\text{Prob}(y = i) = \Lambda\left(\tau_i - \sum_{k=1}^{K} \beta_k x_k\right) - \Lambda\left(\tau_{i-1} - \sum_{k=1}^{K} \beta_k x_k\right)$$

其中，τ 为割点；β 为被估计系数；x 为解释变量。

事件概率的边际效应由上式的偏导数来估测，即

$$\frac{\partial \text{Prob}(y = i)}{\partial x_k} = \left[\lambda\left(\tau_i - \sum_{k=1}^{K} \beta_k x_k\right) - \lambda\left(\tau_{i-1} - \sum_{k=1}^{K} \beta_k x_k\right)\right] \cdot \beta_k$$

边际效应取决于所有变量的水平，即由这些变量值（如中值等）决定，又由于概率总值等于 1，则所有边际效应总和等于零。对于哑变量，其边际效应由哑变量从 0 到 1 的离散变动程度来决定（Liao，1994；Greene，2000）。

在解释信贷匹配时，重要的潜在变量是观察或显示信誉能力方面的变量，因此，将同时考虑借款人的显示努力和贷款人的甄别努力，OLM 的割点区分借款人类型（基于其显示信誉的能力）和贷款人类型（基于其甄别信誉的能力）。

3.2.2 变量及数据说明

OLM 的估计方程所使用的 356 个数据，来源于课题组所进行的抽样调查[①]。农村中小企业（简化为 RMSE）的借款状态用 i 分为 6 类，$i=1$ 代表 RMSE 没有借款；$i=2$ 表示 RMSE 向亲友借贷；$i=3$ 表示 RMSE 进行关联贷款；$i=4$ 代表 RMSE 通过银背贷款；$i=5$ 表示 RMSE 向储金会贷款；$i=6$ 表示 RMSE 向农村信用社或商业银行贷款。根据 OLM 方程要求（自变量 RMSE 应满足相互独立要求），将 35 个 RMSE（多重借贷类型）观察值，按照贷款人所提供的贷款规模最大量原则，分为相互独立的 6 个类型，参见表 3-1。

表 3-1　OLM 所使用的 RMSE 类型

借款类型	观察值分类	相互独立的分类
没有借款	109	109
亲友借贷	60	64
关联贷款	79	89
通过银背借款	26	34
储金会贷款	24	29
信用社或商业银行	23	31
多重借贷	35	—

资料来源：根据课题组调查数据计算而得

解释变量 X_i 包括：①影响贷款需求的 RMSE 特征值变量；②标准信息的可获得性及其质量的代理变量；③企业及其所在地方的特征变量。

（1）影响贷款需求的 RMSE 特征值变量。影响贷款需求的 RMSE 特征值变量将提供给贷款人有关项目投资的风险与利润方面的信息，因为这些将显示借款申请人的偿还能力，这些变量包括以下几项。

企业主的年龄：年龄测度其所处生命周期的某一阶段，该变量的参数符号是不确定的，这取决于需求和供给的力量。一般认为年龄决定风险态度，因为年轻的企业主比年老者更易容忍风险。然而从贷款人观点看，这一效应是正向的，因为年老者比年轻者更有实践且有更多资产，从而对其信誉产生影响。

---

① 在 2011~2012 年寒假，课题组对重庆市 10 个区县的乡村中小企业进行抽样调查，总计发放 500 份问卷，并对回收的问卷进行甄别等处理，最后得到有效问卷 356 份。

企业主的教育程度：教育用借款人在校学习的年限来衡量，代表了借款人生产机会的范围和应对正规贷款评价程序的能力，其对正规与准正规借款人期望为正向符号，因为具有较高教育水平的企业主在理解正规和准正规贷款申请程序上具有比较优势；而低教育水平的企业主期望成为非借款人或非正规借款人，因而其边际效应的符号期望为负。

前期借款经历：如果5年内RMSE借过款，这一哑变量取值为1，否则为0。一般而言，对于那些已经建立个人信用和了解贷款人所使用的贷款技术的借款人，其获得贷款的成本及困难程度要少得多，因此，其影响符号期望为正。

企业销售收入：销售额变量是月平均值表示的连续变量。销售额越高，则借款人维持商品存货的流动性就越大，相应地，高销售额也被贷款人作为企业偿还能力的信号，所以该变量对所有贷款人影响期望为正。

（2）标准信息的可获得性及其质量的代理变量。对借款人而言，标准信息的存量与质量取决于其经济活动的属性；而对贷款人来讲，有关标准信息及相关禀赋的变量是重要的甄别标准，这些变量包括以下几项。

实物与金融资产值：该变量可测度RMSE的担保能力，贷款人用担保作为分离借款人风险类型的甄别工具（Bester，1985），也是借款人承诺偿还贷款的抵押。因此，其对正规与准正规借款人期望符号为正，而对非正规借款人影响不确定。

企业经营证件：拥有合法和正规的企业经营证件（许可证、纳税证明等），在同准正规或正规贷款人建立良好关系方面具有重要的作用，因为这可能是在贷款程序中与借贷合约执行过程中所必须要求的。如果借款人持有这些经营证件，则该哑变量取值为1，否则取值为0。该变量对正规与准正规贷款人影响期望为正，而对非正规贷款人影响相反。

正规会计方法：如果RMSE使用正规会计方法，则该变量值为1，否则为0。会计记录在传统贷款技术（尤其是银行）中是一个重要因素，因此，那些已有正规会计记录的RMSE将降低其在正规贷款人那里建立信用的成本，从而使他们成为更有吸引力的顾客，且向贷款人显示其信誉的边际成本亦大大降低，于是该变量对正规与准正规贷款人影响期望为正，而对非正规贷款人影响相反。

社会关系资本水平：在这里，就是企业主成为一正规或非正规组织（本章调查的组织主要是农村经济合作组织）的成员关系，这种成员关系代表借款人的社会关系，并可能显示其履行义务的信号。它是一连续变量，取值为借款人所属组织的成员数目，其对正规与准正规贷款人影响期望为正，而对非正规贷款人影响不确定。

（3）企业及其所在地方的特征变量。这些特征变量包括以下几项。

企业经营地址变动率：如果借款人从开始到现在从没有改变经营地点，则该哑变量等于 1，否则等于 0。企业经营地点是借款人的一个重要特征，长期经营在一固定地方代表生存的信号，并有助于建立社会关系，从而是信誉的一个重要指数，其对所有贷款人影响期望为正。

企业存续期：借款人经营年限是一个重要的显示其信誉的变量，这是因为企业长期存在及发展也许有助于积累声誉和担保资产，同样该变量对所有贷款人影响期望为正。

人口规模：该变量测度了RMSE所在地方的发展水平，小城镇意味着本地区银行较少，从而导致RMSE贷款更为昂贵；同时，小城镇的居民通常向本地非正规贷款人以较低成本显示其信誉，而正规贷款人位于较大城市，能实现规模经济来弥补其较高的固定成本。因此，该变量对正规与准正规贷款人影响期望为正，而对非正规贷款人影响相反。

非农产业劳动力比例：该变量可测度本地经济多元化及活跃程度，且与现金流量存在着较强的正相关性，从而该变量值越大，越有利于本地金融中介发展，因此，它对所有贷款人影响方向均期望为正。

3.3 OLM 估计结果及分析

本节将使用两个OLM：第一个OLM用于估计所有的观察值（借款者与非借款者），因此，这个模型中包括356个值，包括4个变量（非借款者、正规借款者、准正规借款者和非正规借款者）；第二个OLM是基于247个借款人（正规借款人、准正规借款人和非正规借款人）的估计。对于两个模型形式，以变量的中间值来估测其边际效应。

3.3.1 检验模型I：对所有观察值的OLM估计

使用OLM估计可以理解哪些重要因素决定了某一类型借款人同某一类型贷款人进行匹配，以及何种类型企业主没有匹配问题。因变量为企业主类型，是具有4个类型的有序分类变量，即1=非借款者，2=非正规借款者，3=准正规借款者，4=正规借款者。自变量包括企业主的年龄、企业主的教育程度、前期借款经历、企业销售收入、实物与金融资产值、正规会计方法、企业经营地址变动率、企业存续期和非农产业劳动力比例。估计类型是基于356个观察值，并分为相互排斥的4个类型：109个非借款者、31个正规借款者、29个准正规借款者和187个非正规借款者。估计结果参见表3-2。

表 3-2 对所有观察值的 OLM 估计结果

自变量	系数	非借款人边际效应	非正规借款人边际效应	准正规借款人边际效应	正规借款人边际效应
年龄	0.176 2 (0.56)	0.003 2 (0.42)	0.000 6 (0.27)	0.000 4 (0.03)	−0.001 5 (0.12)
教育程度	−0.008 2 (−0.25)	0.001 6 (0.21)	−0.000 2 (0.18)	−0.000 8 (0.36)	−0.000 4 (−0.25)
前期借款经历	0.075 8*** (1.75)	−0.144 1** (2.16)	0.111 2 (0.17)	0.054 1** (2.24)	0.043 8** (2.37)
企业销售收入	0.069 2 (0.71)	−0.008 7 (−0.76)	0.000 5 (0.24)	0.008 4 (0.75)	0.002 3 (0.86)
实物与金融资产值	1.567 4*** (2.04)	−0.023 4** (−2.05)	0.048 7 (1.21)	0.045 8** (2.33)	0.062 5** (2.18)
正规会计方法	−0.000 4 (−0.01)	0.000 3 (0.02)	−6.78×10⁻⁷ (−0.01)	−0.000 2 (−0.02)	−0.000 4 (−0.03)
企业经营地址变动率	−0.112 6 (−0.08)	0.001 7 (0.05)	−0.000 2 (−0.06)	−0.003 2 (−0.05)	−0.000 8 (−0.04)
企业存续期	0.001 4 (0.27)	−0.000 8 (−0.87)	0.000 5 (0.56)	$1.52×10^{-5}$ (0.24)	$5.04×10^{-5}$ (0.48)
非农产业劳动力比例	0.325 7*** (2.15)	−0.016 3** (−2.46)	0.000 9 (0.51)	0.031 6** (2.08)	0.005 2 (1.62)
割点1：−0.217 5（SE=0.469 8）			似然对数值=−299.67		
割点2：3.248 3（SE=0.591 6）			似然比 $\chi^2(9)$=26.13		
割点3：4.993 2（SE=0.687 4）			观察值=356		

***、**、*为1%、5%、10%的显著水平

注：括号中为 Z 统计值；SE 为标准误差

从表 3-2 可知，这些被调查的农村小企业中，对其产生影响的变量是企业主的年龄、企业主的教育程度、5 年中有借款经历者、实物与金融资产值、使用正规会计账簿、企业平均每月销售额、企业在同一地方经营、企业连续经营 5 年和非农产业劳动力比例；表中的边际效应显示：自变量值的变动如何影响农村中小企业成为某一类型借款人概率（变动百分率）。

在估计结果中，前期借款经历、实物与金融资产值、非农产业劳动力比例 3 个变量在方程中显著。从边际效应看，5 年内有借款经历的企业成为非借款者（不能获得贷款）的概率，比那些没有借款经历的企业要低 14.4%；就实物与金融资产值而言，资产价值每增加 1 个单位，则成为非借款者（不能获得贷款）的概率就下降 2.3%；而该地区非农产业劳动力比例每增加 1 个百分点，则成为非借款者（不能获得贷款）的概率就下降 1.6%。

在估计农村中小企业成为准正规或正规借款人的概率时，前期借款经历、实物与金融资产值和非农产业劳动力比例 3 个变量均显著，从这 3 个变量的边际效应看，5 年内有借款经历的农村中小企业同没有借款经历的企业相比，其成为准正规借款人概率要高 5.4%，而成为正规借款人的概率要高 4.4%；实物与金融资产值每增加 1 个单位，借款企业成为准正规借款人的概率要增加 4.6%，而成为正

规借款人的概率要增加6.3%；本地区非农产业劳动力比例每增加1个百分点，借款企业成为准正规借款人的概率要增加3.2%。但是，在解释农村中小企业属于非正规借款人类型时，没有一个变量显著。

3.3.2　检验模型Ⅱ：对所有观察值的OLM估计

第二个模型预测了不同类型借款人与不同类型贷款人相匹配的决定因素，作为因变量的企业类型有3类有序分类变量，即2=非正规借款者，3=准正规借款者，4=正规借款者。自变量包括企业主的年龄、企业主的教育程度、前期借款经历、企业销售收入、实物与金融资产值、企业经营证件、正规会计方法、社会关系资本水平、企业经营地址变动率、企业存续期、人口规模和非农产业劳动力比例。估计方程中包括247个观察值，且分为相互排斥的3类：31个正规借款者、29个准正规借款者和187个非正规借款者。估计结果如表3-3所示。

表3-3　仅对借款者的OLM估计结果

自变量	系数	非正规借款人边际效应	准正规借款人边际效应	正规借款人边际效应
年龄	0.791 5 （1.06）	−0.084 2 （0.96）	0.068 2 （1.15）	0.021 6 （1.24）
教育程度	0.025 4 （0.41）	0.003 1 （−0.62）	0.002 1 （0.44）	0.000 5 （0.03）
前期借款经历	1.217 6** （2.18）	0.124 5** （−2.21）	0.084 3*** （2.87）	0.057 2** （2.07）
企业销售收入	0.172 5 （0.94）	−0.093 8 （1.16）	0.021 8 （1.08）	0.005 6 （0.95）
实物与金融资产值	1.412 5** （2.03）	−0.114 2** （−2.16）	0.072 4** （2.56）	0.020 9** （1.84）
企业经营证件	1.126 5** （2.26）	−0.095 4** （−2.15）	0.081 4** （2.02）	0.026 3*** （2.79）
正规会计方法	0.627 8 （0.84）	−0.102 6 （−0.82）	0.012 8 （0.64）	0.023 1 （0.59）
社会关系资本水平	1.013 7** （2.44）	−0.120 3*** （−2.73）	0.085 4** （2.38）	0.035 4** （2.15）
企业经营地址变动率	0.421 8 （0.85）	−0.051 3 （−1.05）	−0.062 4 （0.96）	0.323 （1.15）
企业存续期	−0.042 6 （−1.21）	0.000 5 （1.06）	−0.000 3 （−1.05）	0.000 2 （0.98）
人口规模	0.427 1* （1.61）	−0.002 8 （0.82）	0.000 2 （1.12）	0.003 3** （2.01）
非农产业劳动力比例	0.538 4 （1.08）	0.012 1 （0.83）	0.010 4 （0.90）	0.003 4 （1.32）
割点1：4.987 2（SE=1.218 9）			似然对数值=−220.95	
割点2：7.015 4（SE=1.206 8）			似然比 $\chi^2(12)$ =37.14	
观察值=247			Prob> χ^2 =0.000 3	

***、**、*为1%、5%、10%的显著水平

注：括号中为Z统计值；SE为标准误差

正规会计方法在解释匹配问题上是不显著的变量，企业销售收入和企业经营地址变动率两个变量也不显著，这意味着大部分农村中小企业向正规贷款人申请贷款时，不能满足这些贷款人的严格要求。正如预期一样，前期借款经历变量对三类借款人均产生显著的正向作用，有借款经历企业同没有借款经历企业相比，其获得非正规贷款、准正规贷款和正规贷款的概率分别要高出12.5%、8.4%和5.7%。

实物与金融资产值和企业经营证件两个变量相当重要。作为潜在担保资产的实物与金融资产值显示其重要性，即如果没有合适的贷款抵押品，则实物或金融资产可作为借款人财富及企业稳定经营的信号；实物与金融资产值每增加1%，农村中小企业成为非正规借款人的概率要下降11.4%，相应地，其成为准正规和正规借款人的概率分别要增加7.2%和2.1%。拥有正规经营证件的借款企业同不具有正规经营证件的借款企业相比，借款企业成为准正规与正规借款人的概率分别增加8.1%与2.6%，相应地，其成为非正规借款人的概率要下降9.5%。

社会关系资本存量增加了借款企业获得正规和准正规贷款人的贷款机会，而降低了其成为非正规借款人的机会，该变量的边际效应显示：额外存在的社会关系资本使得农村中小企业成为正规借款人（获取正规贷款人的贷款）的概率增加3.5%，而成为准正规借款人（获取准正规贷款人的贷款）的概率增加8.5%，相应地，其成为非正规借款人（获取非正规贷款人的贷款）的概率下降12.0%。因此，存在于正规或非正规组织中的企业主更可能倾向于同机构性贷款人相匹配，这一结果证实了正规或准正规贷款人更多地依靠社会中介与企业所拥有的正规证件来收集有关借款申请人信息，从而降低其贷款交易成本。

人口规模在解释借贷匹配上，正如预期一样，对借款人获得正规或准正规贷款的概率产生正向作用，而对非正规贷款人产生负向作用。而企业主的年龄、企业主的教育程度等人口特征变量在解释借贷双方匹配问题时并不显著。

3.4 结论与启示

基于信贷双方信息结构及信贷交易成本情形下的信贷匹配理论模型，研究结果认为信息收集及其在甄别与监督借款人方面的运用是贷款人所采用的贷款技术核心问题；正规贷款人在处理及应用标准信息方面具有比较优势，相对应地，正规借款人所拥有的标准信息，能够以较低成本使其参与借贷交易，并保证贷款人使用低成本的信贷技术，从而正规程度高的农村中小企业更可能与正规金融机构进行金融交易，形成信贷匹配，进而成为农村信贷市场分割的微观基础。相反，非正规借款人较少拥有标准信息及必要的担保来匹配正规贷款人，而非正规贷款人的贷款技术可以容许其以较低成本同这些非正规借款人进行信贷交易，进而非正规程度高的农村中小企业更可能获取非正规金融部门的贷款。

运用 OLM 计量模型对重庆市农村中小企业调查数据进行实证分析，计量结果发现那些具有高担保资产、悠久信用记录、正规经营证件，以及高社会关系资本水平等标准信息的农村中小企业，其获得正规金融机构贷款的概率比较大；这印证了机构性贷款人主要依据借款人所具有的标准信息禀赋（正规性程度）来甄别借款人的信誉，交易成本相对低，相应地，正规程度高的借款人可以较低成本向正规金融机构显示其信誉，进而同正规金融机构进行信贷交易，形成信贷匹配，从而使得农村信贷市场分割为两个相互独立的信贷市场。但是，计量结果没有明显证据支持：非正规借款人同非正规贷款人形成借贷匹配。可能的原因如下：一方面，有关非正规信贷匹配的异质型（非标准型）信息在本章观察变量中没有完全体现出来；另一方面，非正规贷款人放贷的动机存在多重性（有可能出于商业动机，也有可能出于互助动机，这些问题将是进一步研究的课题），从而与理论模型预测存在着偏差。

首先，在我国农村信贷市场上，存在着数量众多、信誉差异极大的借款农户或中小企业，以财务报表、资产或收入证明等为分析基础的现代贷款技术，可能不适用于许多借款中小企业或农户，因此，针对这些低端客户的信贷供给，需要对这种现代贷款技术进行创新。其次，推进农村金融互助组织建设，并以此构建乡村信用共享平台，信贷匹配表明非正规借款人较少拥有标准信息及必要的担保来匹配正规贷款人，但容易获得非正规金融部门的贷款，因此，可以在一些乡（镇）或村级水平上，鼓励建立具有"非正规"贷款技术特征的农村金融互助组织，并向非正规借款人提供金融服务；同时，以这些农村金融互助组织为载体，构建乡村信用共享平台，进而降低农村信贷市场内的信息不对称程度及借贷交易成本，促进乡村信用与农村金融市场的延伸与拓展。最后，综合正规和非正规金融部门的比较优势，可以将分割的正规与非正规信贷市场整合成一个富有竞争力的农村信贷市场。

第4章　信贷合约安排与农村信贷资金配置
——来自农村调查数据的经验分析

在发展中国家的农村信贷市场上，由于农村信贷市场普遍存在着信息约束，贷款人不仅很难收集到有关借款人特征、风险偏好、还款意愿及能力等方面的信息，而且监督借款人的贷款使用情况更难，因此，信息收集及将其运用在甄别、监督与贷款偿还等方面是贷款人所采用的信贷合约的核心问题。然而，获取信贷市场信息、设计信贷合约及履行信贷合约均需要付出成本，所以，贷款人将依据其自身信息禀赋状况、借款人特征与还款意愿及能力等方面因素，对信贷合约中的甄别、监督与合约履行机制等关键性要素进行安排，设计出满足双方需要的信贷合约。

这样，在处理标准信息（"硬"信息）上具有比较优势的商业银行，主要利用借款人的财务报表、定期审计等标准信息来甄别借款申请人与监督借款人，如果无法（或高成本）获得标准信息，则他们通常坚持向借款人发放抵押（担保）贷款；相反，有些金融机构恰恰具备了商业银行所不具有的抵押、信息等优势（Hoff and Stiglitz, 1990; Tang, 1995; Chiteji, 2002），在处理基于"人格化"的非标准信息（"软"信息）方面具有比较优势，可凭借亲缘、业缘和地缘等关系无（或较低）成本甄别与监督借款人，进而可以向担保能力不足甚至无担保的借款人发放担保替代（监督）贷款。因此，在农村信贷市场上，不同贷款人结合自身比较优势，选择相应的信贷合约，将信贷资金提供给借款人。

在农村信贷市场上，非正式贷款安排如团体贷款（group lending），就是一项如何利用本地信息优势来抵消道德风险与逆向选择问题的信贷合约安排，从而保证农户能够获得外部融资，进而提升信贷市场的绩效（Besley and Coate, 1995; Arnott and Stiglitz, 1991; Stiglitz, 1990）；还有其他一些信贷安排——金融联结（financial linkage），即通过某种途径将正规金融的资金优势和非正规金融的信息优势结合起来，从而更好地向农村地区提供金融服务（Fuentes，1996；Varghese，2005；Chaves，1996；田霖，2008；米运生等，2013），然而，这些研究缺乏对应的实证检验。另外，通过对玻利维亚商业性小额信贷市场特征的分析，Navajas 等（Navajas，1999；Navajas et al.，2003）发现，每一商业性小额信贷组织均能利用其各自的信贷合约优势，将信贷资源渗透到小微企业主手中，但是，其实证检验模型所使用的变量过于简单，遗漏了信贷合约模型中的一些关键性信息（如信贷交易环境）。因此，针对以上的研究缺憾，本章在 Navajas 等（Navajas，1999；Navajas et al.，2003）、Conning（1996）的研究框架基础上，运用四川省大竹县农村小企业信贷交易的调查数据，实证分析在非对称的信贷市场上，两个信贷组织如何利用其各自信贷合约优势来配置信贷资源。

本章结构安排如下：在 4.1 节的理论模型中，基于 Navajas 等（2003）、Conning（1996）的理论框架，确立一个道德风险下的信贷合约模型，由于非对称信息所导致的道德风险问题，贷款人在设计信贷合约时，必须给予借款人激励以降低道德风险程度，从而将更大规模的信贷资金配置到借款人手中。4.2 节是基准模型的理论扩展，在基准模型基础上，再加入逆向选择的情形，即另一种非对称信息形式（借款人生产力类型），进而比较分析两类贷款人如何针对不同借款人特征而改变信贷合约条件，最终实现信贷资金的发放。4.3 节的实证检验揭示出，在相同的信贷市场中，如果两类贷款人进行平等竞争，则出现两类贷款人向两类借款人提供两种不同的信贷合约，实现信贷资金的配置，从而印证理论假设。4.4 节给出本章的研究结论。

4.1　基准模型——标准信贷合约

在一个农村经济领域内，存在着一个风险中性的农村企业主（借款人），他所从事的项目具有随机收益特征。该项目需要三种投入品：①可贸易投入品 K；②非可贸易投入品 w；③劳动投入的努力程度。可贸易投入品（K）可以理解为所购买中间投入品的价值（为了方便分析，以项目投资资金近似代表 K）。非可贸易投入品（w）由农村企业主（借款人）生产力参数所决定，如农村企业主（借款人）的生产技能、经营能力等（Conning，1999；Navajas，1999）。农村企业主（借款人）劳动努力将影响项目成功或失败的概率。另外，由于诸如糟糕的天气、盗窃或货物损坏等随机事件能突然引起项目失败，故项目收益具有随机特征。

为了便于分析,我们考虑两种可能结果(成功、失败)和两种可能努力(勤奋、偷懒)。当项目成功时,假定收益为 $w\cdot f(K)$ [1][且假定 $f_K(K)>0$,$f_{KK}(K)<0$];当项目失败时,项目收益为 0。当农村企业主(借款人)勤奋时,项目成功的概率为 P^h,失败的概率为 $(1-P^h)$,此时项目期望收益为 $P^h w f(K)$;当农村企业主(借款人)偷懒时,项目成功的概率为 $p^l (P^h>p^l>0)$,失败的概率为 $(1-P^l)$,此时项目期望收益为 $P^l w f(K)$。

如果农村企业主(借款人)自身没有资金进行项目投资,其项目投资资金将全部来源于贷款资金。当借款的农村企业主(借款人)获得了项目贷款后,如果他降低在贷款项目上的工作努力而从事其他经营活动,或者将项目贷款转移到其他方面使用,则他可以获得额外利益(私人收益)$I(P^l)K$(>0,且假定其同总投资成正比)。这样,当贷款发放后而借款人行为不能被贷款人观察时,道德风险问题将会产生;如果借款人获得项目贷款后,他在该项目上的工作努力是勤奋的,就不存在道德风险所产生的额外利益(私人收益),即 $I(P^h)K=0$。当贷款到期后,贷款人将要求借款人偿还本金与利息;为了方便分析,假定项目成功时,农村企业主(借款人)的到期偿还额度(本金利息总额)为 Z_s,项目失败时,农村企业主(借款人)的到期偿还额度(本金利息总额)为 Z_f。这样,当农村企业主(借款人)选择勤奋时,其到期的期望偿还额为 $P^h Z_s+(1-P^h)Z_f$,而农村企业主(借款人)选择偷懒时,其到期的期望偿还额为 $P^l Z_s+(1-P^l)Z_f$。

于是,合约参与者达成信贷合约的顺序(不考虑借贷双方之间的讨价还价因素)如下:一是借贷双方同意所有交易条件,贷款人向借款人发放数量为 K 的贷款量;二是贷款投入项目后,借款人选择不可观察的工作努力水平,即勤奋或偷懒,自然确定项目结果;三是项目产出在经营活动结束后确认,借贷双方再根据初始的信贷合约条件来分配产出,即借款人偿还贷款人的额度 Z_s 或 Z_f。在农村信贷市场上,假定农村贷款人市场为完全竞争性市

---

[1] 本书中的项目收益将采用常见的 Cobb-Douglas 生产函数形式(乘积的形式),这样,可贸易投入品 K 就被视为生产函数中的资金要素,而非可贸易投入品 w 和劳动努力程度等被看作生产函数中资金以外的要素。

场[①]，则信贷市场均衡时，最优的信贷合约是解决以下最优化问题：

$$\max_{P^h, K} P^h w f(K) - P^h Z_s - (1-P^h) Z_f$$

$$\text{s.t.} \quad P^h w f(K) - P^h Z_s - (1-P^h) Z_f \geq 0 \quad (4\text{-}1)$$

$$P^h Z_s + (1-P^h) Z_f \geq r \cdot k \quad (4\text{-}2)$$

$$Z_s \leq w f(K), \quad Z_f = 0 \quad (4\text{-}3)$$

$$K = K_0 + L, \quad K_0 = 0, \quad L \geq 0 \quad (4\text{-}4)$$

$$P^h w f(K) + I(P^h) K - P^h Z_s - (1-P^h) Z_f$$
$$\geq P^l w f(K) + I(P^l) K - P^l Z_s - (1-P^l) Z_f \quad (4\text{-}5)$$

对于上述最优信贷合约而言，就是在式（4-1）~式（4-5）约束条件下，借款人在选择勤奋时，如何实现其最大净收益；从目标函数看，当借款人选择勤奋时，其项目的期望收益为 $P^h \cdot wf(K) + (1-P^h) \cdot 0$，相应地，其期望偿还额为 $P^h Z_s + (1-P^h) Z_f$，这样，借款人所追求的最大净收益就是 $P^h wf(K) - P^h Z_s - (1-P^h) Z_f$。

方程（4-1）是借款人的参与约束，对借款的小微企业主而言，只有当项目期望收益超过其他最优选择时（如外出务工的工资水平），他才利用项目生产的机会，为了方便分析问题，外部选择机会的收益假定为 0（即借款人的保留效用 Ur = 0）。方程（4-2）是贷款人的参与约束，即来自贷款的期望收入大于或等于贷款成本（r 为资金的机会成本），此时，资金机会成本仅仅是贷款人的成本，如果信贷市场是充分竞争的，则方程（4-2）将取等号，从而贷款人的利润为 0。方程（4-3）代表有限负债约束，即贷款偿还额度永远不可能超过项目所有收益，项目成功时有 $Z_s \leq wf(K)$，项目失败时 $Z_f = 0$[②]。方程（4-4）是贷款和投资的非负约束，总投资等于借款人股本（K_0）和贷款（L）的总和，股本 K_0 假定为 0。方程（4-5）代表借款人激励相容约束条件，即借款人勤奋下所获得的期望收益大于借款人偷懒下所获得的期望收益；给定激励条件，任一可能结果取决于借款人的选择，若贷款人发现了勤奋的借款人，则勤奋条件下的激励相容约束条件是紧的。借款人会比较一下每一种努力下的收益，即偿还贷

[①] 在实证检验部分，只有"两个重要的贷款人"，即"小贷"和"农信"（显然，只有两个贷款人不是完全竞争市场）。事实上，在被调查样本地区（四川省大竹县××镇），其工业相对发达，经济活跃程度较高，因此，在贷款人市场上，不仅有大竹县××镇农村信用社、大竹县××小贷公司，还有许多其他金融机构——中国农业银行大竹县××镇分理处、中国工商银行大竹县××镇分理处和中国建设银行大竹县××镇分理处等。于是，对于市场上存在着许多相互竞争的贷款人，可以假定为"完全竞争性市场"。因此，理论模型中的"假定贷款人市场为完全竞争性市场"，同实证检验部分中的"两个重要的贷款人"，是不会构成矛盾的。

[②] 项目失败时，借款人的到期偿还额（本金利息总额）假定等于 0，即 $Z_f = 0$，这种假定仅仅为了方便数理推导，即使它不等于 0，仍然不会影响推导结果。

款后，借款人对期望净收益感兴趣，这种净收益将取决于劳动投入的努力程度，即 $P^h wf(K) - P^h Z_s - (1-P^h)Z_f$ 和 $P^l wf(K) + I(P^l)K - P^l Z_s - (1-P^l)Z_f$ 的相对值比较。

利用式（4-5）借款人激励相容约束条件，来分析在何种条件下借款人劳动投入将选择勤奋。首先，我们假定期望偿还额仅能支付贷款人的机会成本，即 $P^h Z_s + (1-P^h)Z_f = r \cdot L$，用这个期望偿还额替代到借款人勤奋下的期望收益方程，则借款人的收益将是 $P^h wf(K) - rL = P^h wf(K) - rK$（大于或等于 0），因此，如果借款人选择勤奋，项目期望收益将抵消未来的贷款偿还额，从而贷款人的贷款本金与利息将有保证。其次，如果令 $P^l Z_s + (1-P^l)Z_f = r \cdot L$，同样，用这个期望偿还额替代到借款人偷懒下的期望收益方程中，于是有 $P^l wf(K) + I \cdot K - rL = P^l wf(K) + I \cdot K - rK$，此时，$I \cdot K$ 是不可贸易的，进而不能用来偿还贷款，这样期望总收益中的可贸易部分扣除偿还额就等于 $P^l wf(K) - rK$（小于 0）。换句话讲，若借款人选择了偷懒，他就没有足够的可贸易收益来偿还贷款，此时，贷款人不可能寻求到其他信贷合约条件，来诱导偷懒的借款人偿还贷款。

事实上，如果未来偿还额比较大，借款人可能倾向于偷懒，因为在偷懒情形下，他总能享受到非贸易收益 $I(P^l)K$（独立于项目产出），相反，如果借款人选择勤奋，他可能得不到任何收益，因为所有可贸易收益都必须用来偿还贷款，因此，借款人行为将取决于每一行动选择下的经济剩余。借款人行为选择将取决于以下两方面的比较：私人收益、勤奋对收益的影响。当借款人偷懒时，他可以牺牲可贸易收益，从而获得非贸易收益 $I(P^l)K$（勤奋的机会成本），因此，可贸易收益越大，则勤奋对偷懒条件下的期望可贸易收益差距就越大，进而使得借款人有更多的激励选择勤奋。如果贷款人不能确定借款人是否有足够激励选择勤奋，他将不会发放贷款。基于此，贷款人就必须设计出给予借款人选择勤奋激励的信贷合约（如改变利率、贷款规模、担保、杠杆比或监督手段等信贷合约条件），从而能够解决道德风险问题。

最优信贷合约的最优解[①]可以用图 4-1 来描述，与勤奋行为激励相容的贷款规模是 K_M，此时竞争性市场利率足以弥补资金的机会成本（图 4-1 中的 a 点）。相同利率下的较大贷款规模或相同贷款规模下的较高利率将会超过与勤奋激励相容的最大偿还额，随着道德风险问题的加剧，则借款人获取的最大贷款额将下降。

---

① 最优解的数学证明篇幅较长，在此省略。

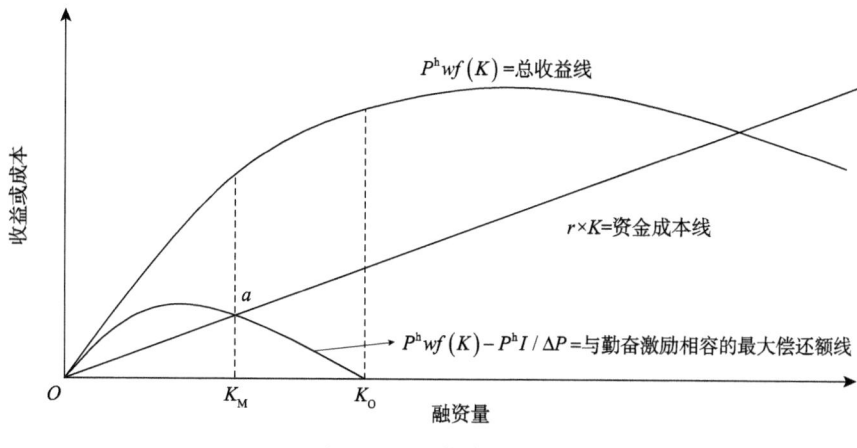

图 4-1 最优信贷合约解

从图 4-1 可以得出，如果激励相容约束不是紧的，则与勤奋激励相容的投资水平 K_M 仍然等于社会最优水平 ($L = K_M = K_O$)，在社会最优水平 K_O 处，项目总收益是最大的，此时，贷款人仍然收支相抵，并且借款人在 $K_M = K_O$ 处最大化其收益。如果激励相容约束是紧的，则与勤奋激励相容的投资水平 (K_M) 将低于社会最优水平 (K_O)，此时，竞争性贷款人所提供的最大贷款规模是 $L = K_M < K_O$，因此，道德风险问题导致了投资水平低于社会最优水平，至于低多少，这将取决于道德风险程度（可以使用参数 I、参数 ΔP 来测定）。

综合上述分析，可以得出，在一些农村信贷市场上，非对称信息所导致的道德风险因素，使得贷款人在设计信贷合约时，必须给予借款人激励以降低道德风险程度，从而将更大规模的信贷资金配置到借款人手中。

接下来的内容是，在基准模型基础上，再加入另外一种非对称信息形式（借款人生产力类型），进而比较分析不同贷款人基于其信息存量与信贷合约结构，如何针对不同借款人特征而改变信贷合约条件，最终实现信贷资金的发放。

4.2 基准模型的扩展——两种信贷合约

在基准模型基础上，本节将考虑信贷市场上存在两类贷款人的情形，这两类贷款人向两类借款人提供两种不同的信贷合约，进而分析这两种信贷合约如何基于借款人特征而改变其合约条件。在实证检验内容中，将运用到四川省大竹县农村小微企业信贷交易数据，事实上，在四川省大竹县×××镇存在着两个重要的贷款人：大竹县×××镇农村信用社（以下简称为"农信"贷款人)、大竹县×××小贷公司(以下简称为"小贷"贷款人)。"农信"贷款人发放的一种贷款是联保贷款——基于借款成员的联合负债机制,而"小贷"贷款人发放贷款时,主要是通过贷前的甄别借款人类型,或者要求借款人提供担保(抵押)品。因而,这两类贷款人通过改变信贷合约条件而相互竞争客户。

4.2.1 "个性化"信贷合约

面对众多异质型借款人(农村小微企业主),在"小贷"贷款人发放贷款之前,他要对这些借款人进行甄别或调查,以识别借款人生产力类型(参数 w)。同时,在进行贷款甄别或调查时,"小贷"贷款人还能够有效识别借款人某些具有一定经济价值的担保品,从而将其作为不完美的贷款担保品(在被调查的样本农村地区中,这些担保品不容易变现或者面临着法庭执行难等问题);如果"小贷"贷款人接受了不完美的担保品,则不完美担保品就成为信贷合约的组成部分,假定借款人所提供担保品的价值是 CL,"小贷"贷款人接受该担保品后,则认为该担保品价值仅为 $\alpha \text{CL}(0 < \alpha \leq 1)$。另外,贷款人发放后,"小贷"贷款人还要对借款人进行一定的监督。总之,在"小贷"贷款人发放贷款之前,他要对不同的借款人采取相应的事前甄别或调查,或者事后的监督技术措施等,进而"因人而异"地修改贷款合约条件,即提供"个性化"信贷合约,适应这些异质型借款人特征及环境,使得信贷交易能够达成。

因此,"小贷"贷款人所提供的"个性化"信贷合约特征表现为:事前的贷款甄别或调查,使得"小贷"贷款人能够识别借款人生产力类型(模型中的参数 w),进而最小化逆向选择问题;事后的贷款监督行为和贷款担保品的要求,使得道德风险问题(劳动努力程度是不可观察的变量)进一步弱化。

针对上述"小贷"贷款人的信贷活动特征及环境条件,需要对基准模型进行修正:第一,发放贷款时,"小贷"贷款人需要向每一借款人索取费用,用来抵消贷款固定成本(sc+hc),sc 表示事前甄别或调查成本(独立于贷款规模),hc 表示贷款处理成本(独立贷款规模);第二,贷款发放后,为了避免道德风险恶化,"小贷"贷款人必须投入一定资源以监督每个借款人,从而又增加了贷款人的监督成本(mc)。

相对于基准模型,与勤奋激励相容的最大偿还额必须修正〔即修正为 $P^h Z_s + (1-P^h)\text{CL} \leq P^h wf(K) - P^h I(\text{mc}) K/\Delta P + \text{CL}$〕,从而反映担保和监督成本的存在。于是,贷款人参与约束也发生了变化,其原因在于:第一,担保是非完美的;第二,需要考虑监督成本(mc)和固定成本(sc+hc),即

$P^h Z_s + (1-P^h)\alpha CL = r \cdot K + sc + hc + mc$。对每一借款人，处理成本(hc)是固定的，虽然 hc 不随贷款规模而变化，但随着贷款人的客户群规模而发生变化；而甄别成本 sc 容许"小贷"贷款人降低借款人的不确定性，从而能够提供较好的合约。

修正后模型（即"个性化"信贷合约）的最优解[①]可由激励相容约束条件和贷款人收支相抵条件来计算。此时，与勤奋激励相容的最大偿还额等于贷款人成本，即 $r \cdot K + sc + hc + mc + (1-P^h)(1-\alpha)CL = P^h wf(K) - P^h I(mc)k/\Delta P + CL$，或者是 $r \cdot K + sc + hc + mc = P^h wf(K) - P^h I(mc)k/\Delta P + CL - (1-P^h)(1-\alpha)CL$，该解就意味着偿还价值中的损失部分为 $(1-P^h)(1-\alpha)CL$，该项也表明：当借款人放弃担保品 CL 时，该担保品 CL 仅有部分价值被贷款人接受；如果出现违约，则 $(1-\alpha)$ 是转移过程所损失的部分。

因此，"小贷"贷款人可以通过事前贷款甄别，以及事后贷款监督或担保品要求等贷款技术的组合，针对众多的异质型借款人，提供适合不同借款人的"个性化"信贷合约。于是，在风险偏好程度相同条件下，对于担保能力较强、生产能力较高的借款人而言，更倾向于"个性化"信贷合约（Stiglitz and Weiss，1981）[②]，从而容易获得相对优惠的贷款条件（如较低的贷款利率、较高的贷款规模等）。

4.2.2 "标准化"信贷合约

对"农信"贷款人来讲，他不拥有借款申请人的生产力 w 信息，仅仅拥有借款申请人的分布状况的信息。但是，"农信"贷款人既不需要对其借款申请人进行贷款甄别或调查（此时不会产生甄别成本，但仍然有贷款处理成本 hc），也不要求其借款申请人提供任何担保或抵押品，而是仅仅通过借款人的联合负债机制（团体或联保贷款）来诱导借款人偿还贷款，因此，从贷款技术角度看，"农信"贷款人向其借款人所提供的信贷合约条件相对单一、简化，发放贷款的唯一"标准"就是借款人联合负债，从而是一种"标准化"信贷合约。

有关全部借款申请人生产力 w 的分布信息，可用生产力 w 的累计密度函数来表示，假定 w 的最低值为 w_L，最高值为 w_H，则 w 的平均值可以表示为

[①] 证明方法类似于基准模型，由于最优解的数学证明篇幅较长，在此省略。
[②] Stiglitz 和 Weiss（1981）进一步证明：担保能力弱或缺乏、生产能力较低的借款人更倾向于"标准化"信贷合约或者"混同"信贷合约。

$E(w) = \int_{w_L}^{w_H} w \cdot g(w) \mathrm{d}w$，但是该值不一定能达到"农信"贷款人所要求的借款人平均质量水平。当"农信"贷款人提供"标准化"信贷合约时，如果借款人发现有利可图，将接受信贷合约条件，进一步，有些借款人可能是高生产力的，有些借款人可能是低生产力的；由于高生产力类型借款人(w_H)将从勤奋中获取高期望收益，而低生产力类型借款人(w_L)可能转移资金或偷懒以获取更多的非贸易收益$I(P^l)K$。借款人这种选择类型的方式将对"农信"贷款人期望收益产生明显的影响，因此，"农信"贷款人在设计信贷合约时必须考虑这些因素，以便保持财务上的可持续性。这三种类型的借款人参见表4-1。

表4-1　"农信"贷款人信贷合约下的借款人自我选择条件

借款人努力类型	借款人生产力类型	激励相容约束条件
勤奋借款人	$\overline{w} < w \leq w_H$	$P^h w f(K) - P^h Z_s \geq P^l w f(K) - P^l Z_s + I \cdot K > \mathrm{Ur}$
非勤奋借款人	$\underline{w} < w \leq \overline{w}$	$P^l w f(K) - P^l Z_s + I \cdot K \geq P^h w f(K) - P^h Z_s > \mathrm{Ur}$
非借款申请者	$w_L \leq w \leq \underline{w}$	$\mathrm{Ur} \geq P^l w f(K) - P^l Z_s + I \cdot K \geq P^h w f(K) - P^h Z_s$

注：Ur为保留效用（可以简化为0）；借款人生产力类型分布是从w_L到w_H，其中$\overline{w}$表示将勤奋借款人与非勤奋借款人分离的较高"门槛"值，$\underline{w}$代表将借款人排除在信贷市场之外的较低"门槛"值

从表4-1可以看出，给定Z_s和K，仅有生产力水平$w \geq \underline{w}(Z_s, K)$类型的借款人将选择勤奋，而生产力水平$w < \overline{w}$类型的借款人将可能是非勤奋的。由于$\mathrm{d}\overline{w}/\mathrm{d}Z_s = 1/f(K) > 0$，故如果不改变信贷合约的其他条件，"农信"贷款人仅仅提高利率，则又有一些借款人将变成非勤奋者；同时，生产力水平$w < \overline{w}$类型的借款人是非勤奋的，他们将是低质量借款人，从而导致"农信"贷款人的贷款资产违约率升高。

另外，并不是所有的低生产力借款人都会申请贷款，如一些生产力很低（$w \leq \underline{w}$）的借款人可能还有其他选择机会，从而至少可以获得保留水平上的效用（Ur）。因为$\mathrm{d}\underline{w}/\mathrm{d}Z_s = 1/f(K) > 0$（即"门槛"值$\underline{w}$提高了），如果其他信贷合约条件不变，当利率提升时（期望偿还额Z_s亦上升），则更多借款人将退出信贷市场；同时，由于外部选择机会改善（即$\mathrm{d}\underline{w}/\mathrm{dUr} = 1/P^d f(K) > 0$），如在工厂打工所获得的期望收入增加，进而不愿意进行投资创业，于是，这类借款人逐渐对已建立好的借贷关系不感兴趣。

这样，"农信"贷款人总期望偿还额$\phi(Z_s, K)$，可由勤奋和非勤奋的借款人期望偿还进行加权平均：$\phi(Z_s, K) = \beta P^h Z_s + (1-\beta) P^l Z_s$，于是，只有当$\phi(Z_s, K) = \geq rK + \mathrm{hc}$时，"农信"贷款人在财务上才具有可持续性。

因此，存在道德风险和逆向选择下，给定贷款规模 K，当"农信"贷款人提高贷款利率时，它将面临两种相互抵消的效应。一方面，贷款利率提升改变了借款人群体的结构，勤奋的借款人 $(w > \overline{w})$ 中的一部分可能转变成非勤奋的借款人，从而导致贷款违约率增加；非勤奋的借款人 $(w > \underline{w})$ 可能退出这个信贷市场，进而导致单位贷款处理成本增加。另一方面，利率增加，意味着偿还额 Z_s 增加，从而贷款人的期望收益增加（从所有项目获得成功的借款人那里获取的收益），但是，由于利率增加负效应的存在，即贷款违约率增加和单位贷款处理成本增加，贷款人期望收益增加到某一最高值后可能出现下降。

综合以上两种信贷合约及其特征，可以看出：①"农信"贷款人所提供的"标准化"信贷合约显著特征就是，借贷双方存在严重的信息非对称，贷款人不对其借款申请人进行贷款甄别或调查，也不要求其借款申请人提供担保品，而是通过借款人的联合负债机制来诱导借款人偿还贷款，因此，这种"标准化"信贷合约，对于高生产力类型或者担保能力强的借款人而言，其获得的贷款额度将远远低于预期，同时还要支付较高的贷款利率。②对于"小贷"贷款人而言，针对不同的借款申请人，他将实施事前的贷款甄别或调查，进而能够识别借款申请人的生产力类型，以降低逆向选择问题，并进行事后的贷款监督行为和贷款担保品要求，从而弱化道德风险问题，于是，该信贷合约具有强烈的人格化特征（"个性化"特征）。因此，如果"农信""小贷"两个贷款人在相同的信贷市场中，则有可能出现："农信"贷款人中的高生产力类型借款人，将更倾向于"个性化"信贷合约，且他们将向"小贷"贷款人申请贷款。基于此，可得出以下待检验的理论命题：

命题 4-1：①"小贷"的信贷合约条件比"农信"的信贷合约条件更具有可变性；②"小贷"的借款人期望比"农信"的借款人富裕一些；③"小贷"的借款人平均生产力期望比"农信"的借款人平均生产力高一些；④如果存在转移可能，则"农信"贷款人中较高生产力的客户将转移到"小贷"贷款人。

4.3 对理论预测的检验

实证检验部分将使用四川省大竹县农村小企业信贷交易数据，在四川省大竹县××镇存在着两个重要的贷款人——"小贷"贷款人和"农信"贷款人。实证检验所使用的 156 个数据，来源于课题组进行的抽样调查[①]。

假设 4-1："小贷"的信贷合约条件比"农信"的信贷合约条件更具有可变性。

根据理论假设，"小贷"所提供的贷款合约比"农信"所设计的合约更接近于借款人特征，因而，"小贷"所提供的贷款合约条件表现出较高的可变性，观察数据可以分析这种差异。首先，分析第 1 笔贷款支出和借款人特征的关系，两者之间的正向关系表明贷款可以调整合约条件以适应个人特征；"小贷"系数是正的（0.21），而"农信"系数是负的（-0.13），因此，"小贷"具备区分借款申请人的能力，而"农信"不具备。其次，使用借款人的借款记录，可以追溯贷款规模的演化，以及通过几次贷款的循环来发现贷款规模的可变性，更多的可变性体现为更多的差异性贷款合约和更少的标准化贷款合约。表 4-2 显示出每一轮贷款的贷款笔数、平均值和方差：对第 1 轮贷款，"农信"的平均值是 1 390，"小贷"的是 3 621，而对每一轮的贷款，"小贷"的平均值总是较高，因此，"小贷"比"农信"更具有可变性。

表 4-2　"农信"和"小贷"的各轮贷款规模

贷款		"农信"贷款人	"小贷"贷款人
第 1 轮	贷款笔数	247	139
	平均值	1 390	3 621
	方差	135	193
第 2 轮	贷款笔数	237	132
	平均值	2 354	5 237
	方差	128	135
第 3 轮	贷款笔数	199	89
	平均值	3 256	4 682
	方差	98	108
第 4 轮	贷款笔数	178	92
	平均值	2 345	3 988
	方差	105	213
第 5 轮	贷款笔数	115	51
	平均值	1 268	2 085
	方差	96	183

[①] 课题组在 2013~2014 年寒假，选取了四川省大竹县××镇的农村小企业（该镇工业相对发达，故小微企业数量众多）。具体抽样如下：在大竹县××镇，随机抽取了 240 户样本农村小企业主（240 份问卷调查），对回收的问卷进行甄别等处理，实际得到有效问卷 156 份，从而得出最终的 156 份调查结果。

续表

贷款		"农信"贷款人	"小贷"贷款人
第6~11轮	贷款笔数	362	91
	平均值	1 845	2 518
	方差	125	153
总计	贷款笔数	1 338	594
	平均值	1 921	2 257
	方差	163	197

资料来源：根据课题组调查结果计算而得

假设 4-2："小贷"的借款人期望比"农信"的借款人富裕一些。

根据理论假设，"小贷"的借款人期望比"农信"的借款人富裕一些，因为"小贷"贷款人总是要求其客户提供许多类型的资产担保品，并针对某一具体的借款人，提供"个性化"信贷合约，基于此，本部分使用两个指标（社会经济特征指标和家庭年收入水平指标）来分析这两个贷款机构的借款人特征。表4-3列出了社会经济特征指标，该数据表明来自"小贷"的借款人具有较高教育经历、更多地从事制造业，以及小企业规模也相对较大（以"借款人企业平均月销售额"和"借款人企业平均拥有的工人数"指标近似替代）。

表4-3 "农信"和"小贷"的借款人部分社会经济特征

指数	"农信"贷款人	"小贷"贷款人
借款人为女性的比例	58%	42%
教育年限达到9年及其以上的借款人比例	63%	77%
具有多种职业的借款人比例	46%	62%
借款人职业主要在制造业的比例	14%	25%
借款人企业平均拥有的工人数/人	1.5	2.6
无正式信用记录的借款人比例	67%	51%
借款人企业平均月销售额/元	4 623	6 872

资料来源：根据课题组调查结果计算而得

依据家庭年收入水平指标将被调查人的家庭分为三类：首先，根据调查结果，将所有被调查人的家庭收入进行平均，该平均值就设定为"普通型"家庭的标准；其次，如果被调查人的家庭收入高于"普通型"家庭的50%及其以上，则设定为"富裕型"家庭，相反，如果被调查人的家庭收入低于"普通型"家庭的50%及其以下，则设定为"困难型"家庭。表4-4给出了"农信"和"小贷"的借款人家庭类型比例。从表4-4可以看出，"农信"贷款人中的"困难型"比例（27%）高于"小贷"贷款人中的比例（9%），相应地，对于"富裕型"家庭和"普通型"家庭而言,"小贷"贷款人所占比例(91%)明显高于"农信"贷款人所占比例(73%)。为了检验这种差异在统计上是否显著,我们使用非参数估计来检验该问题:Kolmogorov-Smirnov 检验拒绝了假设(在95%置信水平下,两类贷款人的指数分布具有相似性);中值的差异也可使用 Wilcoxon Rank-Sum 检验,在 95%置信水平下,"小贷"的中值指数(0.97)远大于"农信"的中值指数(0.90),因此,检验结果进一步确认:相对于"小贷"的借款人,"农信"的借款人家庭收入更低一些。

表 4-4 "农信"和"小贷"的借款人家庭类型比例

家庭类型	"农信"贷款人	"小贷"贷款人
富裕型	38%	51%
普通型	35%	40%
困难型	27%	9%

资料来源:根据课题组调查结果计算而得

假设 4-3:"小贷"的借款人平均生产力期望比"农信"的借款人平均生产力高一些。

为了检验假设,我们使用了借款人教育水平作为生产力水平的代理变量,即借款人教育水平高就意味着高生产力水平。对包括住房资产(HSE)、公共服务(PCS)、教育(EDU)和借款人教育(EDB)的各个指标,进行非参数估计,其估计结果可见表 4-5。表 4-5 的非参数估计结果表明:借款人教育(EDB)(生产力水平的代理变量)支持了假设,即"小贷"的借款人比"农信"的借款人更具有生产力。

表 4-5 "农信"和"小贷"的借款人非参数估计

指数	P 值[1]	
	双尾 Kolmogorov-Smirnov 估计[2]	单尾 Wilcoxon Rank Sum 估计[3]
住房资产(HSE)	0.609 6	0.035 3
公共服务(PCS)	0.002 8	0.000 2
教育(EDU)	0.747 0	0.297 5
借款人教育(EDB)	0.020 5	0.004 8

1)P 值就是接受原假设的最大显著水平值

2)原假设:对于两个贷款人的借款人而言,其各自的指数分布是相同的;替代假设:各自的指数分布是不同的

3)原假设:对于两个贷款人的借款人而言,其各自指数分布的中值是相同的;替代假设:"小贷"的借款人指数分布的中值大于"农信"的借款人指数分布的中值

假设 4-4:如果存在转移可能,则"农信"贷款人中较高生产力的客户将转

移到"小贷"贷款人。

理论模型也暗示：给定外部机会，"农信"中的高生产力水平借款人将转移到"小贷"。为了说明该问题，我们需要了解"小贷"的借款人曾经从"农信"借过款的情况。

到2013年，两个贷款人已经共存了3年，因此，"农信"的借款人有机会向"小贷"转移，从样本可看出，"小贷"中的17.2%借款人是从"农信"转移过来的，相反，"农信"中的不足1%客户是从"小贷"转移过来的，参见表4-6。

表4-6 借款客户的转移比例

项目	"农信"贷款人	"小贷"贷款人
"农信"贷款人	—	17.2%
"小贷"贷款人	0.8%	—
商业银行	5.9%	0.8%
非政府组织	7%	15.5%
其他渠道	83.7%	61%

注：其他渠道包括私人借贷、储金会等来源

为了揭示转移客户的生产力水平等特征，通过表4-7的非参数估计来检验该问题。表4-7的非参数估计结果表明：在至少93%置信水平下，从"农信"转移到"小贷"的借款人的教育指数中值是高于所有"农信"的借款人的。

表4-7 "农信"和"小贷"借款客户转移特征的非参数估计

指数	P 值[1]	
	双尾 Kolmogorov-Smirnov 估计[2]	单尾 Wilcoxon Rank Sum 估计[3]
住房资产（HSE）	0.645 3	0.162 2
公共服务（PCS）	0.718 3	0.069 6
教育（EDU）	0.079 0	0.195 3
借款人教育（EDB）	0.027 1	0.061 1

1）P 值就是接受原假设的最大显著水平值

2）原假设：对于两个贷款人的借款人而言，其各自的指数分布是相同的；替代假设：各自的指数分布是不同的

3）原假设：对于两个贷款人的借款人而言，其各自指数分布的中值是相同的；替代假设："小贷"的借款人指数分布的中值大于"农信"的借款人指数分布的中值

总之，统计数据验证了假设："小贷"的借款人比"农信"的更具有生产力且相对富裕；给定外部机会，"农信"的最优质客户更倾向于"小贷"（因为"小贷"的贷款合约更适应每一个借款人）。

4.4 结论与启示

为了比较农村信贷市场上的农村企业主信贷合约,理论模型(基准模型及其扩展)分析了同时存在道德风险和逆向选择问题。对于贷款人而言,他们必须考虑非对称信息对行为(工作努力)和类型(生产力)的影响,根据贷款人的可获得信息量、借款人担保禀赋和贷款人信贷处理成本等因素,设计出不同的信贷合约以适应不同类型的借款人。

进一步对理论模型进行分析,发现两个贷款人所提供的信贷合约差异在于信贷合约的标准化程度,"小贷"贷款人提供了"个性化"信贷合约,因为"小贷"贷款人通过甄别借款申请人以确定借款人偿还能力(生产力类型),同时,"小贷"贷款人会接受不完美担保品与监督借款人以降低道德风险发生。相反,"农信"贷款人提供了"标准化"信贷合约,因为"农信"贷款人不去甄别每一个借款人,而是运用联合负债机制来控制道德风险,并降低贷款处理成本。总之,针对不同借款人特征而提供不同信贷合约,贷款人最终实现了信贷资金配置。

因此,基于理论模型的分析,可以预测出:①"小贷"的信贷合约条件比"农信"的信贷合约条件更具有可变性;②"农信"中的高生产力借款人,他们可能也是较富裕的,并将转移到"小贷"。实证分析验证了上述理论预测,即"小贷"贷款人所提供的贷款合约条件表现出较高的可变性,同时,转移到"小贷"的借款人显然是比较富裕、具有较高生产力的。这一结果也反映出两个贷款人("农信""小贷")在经营机制上的差异:2003年所启动的"花钱买机制"农村金融体系改革,却导致大部分试点省(自治区、直辖市)的农村信用社("农信")出现"银行化"趋势;虽然部分农村信用社在构建多种产权结构、法人治理等方面有所改善,但是,出现了"花了钱却没有买到机制"的情况,产权激励功能仍然没有凸显出来,农村信用社"去农化"趋势依然严重,进而开发与创新"三农"信贷产品与服务的激励严重不足。从2006年开始,新一轮的农村金融服务体系改革思路逐渐从"存量调整"转变为"增量培育",即放宽农村金融市场的资本准入,允许境内、外资本到农村地区投资、新设小贷公司、贷款公司等新型金融机构,并向农户提供金融服务;这些以民间资本为主体的小贷公司("小贷")等新型农村金融机构,不仅有明晰的产权制度优势,有效发挥产权激励的功能,而且对于市场交易中的信息要素,他们能够深刻理解其重要意义与作用(即缓解融资难的关键在于解决借贷双方之间的信息不对称所引起的逆向选择与道德风险问题）。因此，"小贷"等新型农村金融机构会发挥其天然贴近"三农"的特点，主动分析客户信贷需求，依据"乡规民约"积极地在信贷合约中引进恰当的机制来放松信贷合约约束条件，减少有限责任租[①]，进而使得融资活动成为可能，进而扩大部分农村地区的金融覆盖面。

  总之，在农村信贷市场上，信贷合约是农村信贷交易的最基本要件，而对数量众多、差异极大的农村借款人来讲，以财务报表、资产等为分析技术的传统信贷合约难以适用于这些借款人，而以"小贷"为代表的新型农村金融机构，能够依据借款人禀赋特征，"因人而异"地创新贷款合约条件，提供"个性化"信贷合约，使得信贷交易能够达成，从而对农村信用社的信贷产品和服务创新起到一定的借鉴作用。更重要的是，"农信"应积极借鉴"小贷"信贷产品创新的制度动因，即通过"农信"自身的产权安排、企业治理结构完善等制度调整与优化，为"农信"的"金融家们"创新农村信贷产品和服务，提供足够的制度激励。其次，推进"小贷"等新型农村金融机构建设，促进农村信贷市场竞争。当前，导致农村信贷市场竞争不充分的原因，除了农业弱质、利率管制等经济、政策抑制等因素外，农村信贷市场上的竞争主体严重不足也是一个重要因素，因此，依据"边际增量"原则，逐渐摆脱原有体制的复制性增长的惯性依赖，推进"小贷"等新型农村金融机构建设，从农村金融市场的内部来推动新型金融元素的培育和增长，促进具有内生性特征的农村金融竞争主体的形成，从而推进农村信贷市场竞争。最后，解决农村信贷市场上的信息不对称问题。在信贷市场上，信贷合约类型差异的一个重要原因就是信息及由此产生的交易成本，因此，若获取的信息比较充分，则不仅可以保证贷款人能设计出适合于借款人需求的信贷合约，还能够降低信贷交易成本，并以此促进乡村信用与农村金融市场的延伸与拓展，为深化农村信贷市场而创造良好的外部条件。

[①] 根据 Laffont 和 Martimort（2002）的合约激励理论：融资活动过程中，存在着借款人的有限责任约束和道德风险问题，为了激励借款人努力实施项目（降低道德风险问题），保证借贷交易顺利达成，可以在借贷合约中引入适当的机制来放松激励约束条件，从而能够减少借款人的有限责任租，以及提高贷款人的可保证收入。

第5章　合约监督行为与农户融资机制分析

5.1　引　　论

农村融资难依然是农村金融所面临的核心问题，而缓解农户融资难的关键在于解决借贷双方之间的信息不对称所引起的逆向选择与道德风险问题。根据 Laffont 和 Martimort 的合约激励理论：融资活动过程中，存在着借款人的有限责任约束和道德风险问题，为了激励借款人努力实施项目（降低道德风险问题），借款人需要获得有限责任租（金），从而增加贷款担保品的要求。因此，为了保证借贷交易顺利达成，可以在借贷合约中引入适当的机制来放松激励约束条件，从而能够减少借款人的有限责任租，降低贷款担保品要求，以及提高贷款人的可保证收入。

但是，在农村经济领域内，因为各种制约因素，要求借款人提供担保或抵押品比较困难，进而导致借款人难以获取银行等金融机构的贷款。在借贷合约中引入贷款监督机制，使得借贷交易成为可能，从而可能为农户融资机制的创新寻找到一个突破口。在农户担保品不足的情况下，运用各种贷款监督技术，可以减少非对称信息下的道德风险问题，从而有利于借贷合约的签订与履行。

在农村融资活动中，常见的借贷形式有非正规的民间借贷、正规金融机构贷款、农村合作或联保（团体）贷款；而从贷款监督技术的角度看，上述借贷模式分别对应着直接监督贷款、代理（中介）监督贷款和同伴监督贷款。虽然贷款监督能够通过降低有限责任租而减少贷款担保品要求，使得借贷交易成为可能，然而，监督活动也会产生监督活动的直接成本与监督活动的激励租金（与监督者的资本相关）。因此，受监督技术效率（与监督者所依赖的信息类型相关）、监督者的自有资本和借贷合约关联等因素的影响,不同类型的监督技术对监督收益与成本的影响存在着差异。监督技术效率越高,则监督成本就越低;监督者的自有资本将直接影响监督激励租金;跨市场的借贷合约关联因素可以实现提议、监督等功能,降低融资活动中的监督成本。因此,监督活动能否降低贷款担保品要求,将对农户信贷交易条件的改善起到至关重要的作用。

基于 Laffont 和 Martimort 的合约激励理论,对直接监督下、代理(中介)监督下和同伴监督下的贷款模型,以及提议与监督下的贷款模型,进行分析与比较,以期发现贷款监督对抵押担保品影响的机制及效应。本章内容安排如下:第一,分析无监督活动下的担保品决定模型;第二,比较不同监督技术下的融资模型;第三,在监督活动基础上,进一步考虑引入提议活动所引起的融资条件变化;第四,给出研究结论。

5.2 贷款担保品决定的基准模型:无贷款监督情形

本节假设借款人存在道德风险,且投资者不进行贷款监督时,借款人申请贷款时,要求提供最低的抵押担保品。

在农村信贷市场上,存在某一风险中性借款人(农户),其生产经营项目所要求总资金为 K。由于自然等外界不可控制因素的影响,项目经营存在着不确定,假设每一经营项目有两种可能结果:成功或失败。当项目经营成功时,其生产结果为 Z_s;而项目经营失败时,其产出为 Z_f,且 $Z_s > Z_f$。借款人在经营项目时,其付出的工作努力水平会影响借款人经营项目的期望收益。假定借款人存在两种可能的努力水平[①]:勤奋或偷懒。当借款人选择勤奋时,项目成功的概率为 P^h,失败的概率为 $(1-P^h)$,此时,经营项目的期望收益为 $\pi(Z|P^h) = P^h Z_s + (1-P^h)Z_f$;类似地,当借款人选择偷懒时,则经营项目的成功概率为 P^l($P^l < P^h$,记 $\Delta P = P^h - P^l$,且定义似然比为 $y = P^l/P^h$),失败概率为 $(1-P^l)$,从而偷懒情形下经营项目的期望收益就记为 $\pi(Z|P^l) = P^l Z_s + (1-P^l)Z_f$。

如果农户获得项目贷款后,他降低了在贷款项目上的工作努力(偷懒)而从事其他经营活动,则可以获得额外利益 I,而此时投资者(或贷款人)又不能观察到借款人行为,则会产生道德风险问题。同时,假设借款农户选择勤奋

[①] 这种努力水平通常指借款人在经营项目上的劳动付出程度,还可以认为是借款人在经营项目中实际投入的有形资本的数量和质量(如农业生产投入的化肥、种子等生产资料的质量与数量等)。

是社会占优的、有效率的，即 $\pi(Z|P^h) > rK > \pi(Z|P^l) + I$。假定借款人在提供贷款担保品方面，存在着较大差异，在项目结果确定时，作为担保品的资产价值用 C 表示。

农村信贷市场上，普通投资者（或贷款人）向借款人发放贷款，其资金的机会成本为 r；当经营项目成功时，投资者获取的收益为 U_s，而经营项目失败时，投资者获取的收益为 U_f。

如果项目产出 $Z_i(i=s,f)$ 是一可观察的变量，则借贷合约的设计就是项目产出 Z_i 在借款人与投资者之间如何分配。当借款人从项目产出 Z_i 中获取数量为 b_i 的收益时，则投资者所得到的项目收益就是 $U_i = Z_i - b_i$。基于此，参与者达成借贷合约（不考虑借贷双方之间的讨价还价因素）的时序如下：一是参与方同意所有交易条件；二是投资者向借款人发放数量为 K 的贷款；三是借款人选择工作努力水平 P^h 或 P^l（P^h 与 P^l 均是不可观察的）；四是产出在经营活动结束后确认，双方再依据初始的合约条件来分配投资收益。当借贷市场均衡时，对拥有担保品为 C 的借款人而言，最优借贷合约是解决以下最优化规划问题（Ⅰ）：

$$\max_{b_i} \pi(b_i|P^h)$$

$$\text{s.t.} \ \pi(U_i|P^h) \geq r \cdot K \tag{5-1}$$

$$\pi(b_i|P^h) \geq \pi(b_i|P^l) + I \tag{5-2}$$

$$U_i \leq Z_i + C \ (i=s,f) \tag{5-3}$$

$$Z_i = b_i + U_i \ (i=s,f) \tag{5-4}$$

式（5-1）表示投资者从事借贷交易的参与约束；式（5-2）表示借款人的激励相容约束，注意到 $\pi(b_s|P^h) = P^h b_s + (1-P^h) b_f$ 和 $\pi(b_f|P^l) = P^l b_s + (1-P^l) b_f$，于是可以得出：$b_s - b_f \geq I/\Delta P$；式（5-3）给出了借款人的有限责任约束条件，该式表明给定产出水平 Z_i，投资者从该项目中获取的收益总量不能超过给定的产出 Z_i 加上担保资产 C 的总和，注意到由 $U_i = Z_i - b_i$，从而式（5-3）就等价于 $b_i \geq -C$；式（5-4）代表项目收益的分配。

对上述最优化问题（Ⅰ）进行数学求解[①]，可以得出以下表达式：

$$C = C_0 = rK - \pi(Z|P^h) + P^h \cdot \frac{I}{\Delta P} = rK - \pi(Z|P^h) + \frac{I}{1-y}$$

结论 5-1：在农村信贷市场，借款人获得融资的最低担保品为 C_0，且最低担

[①] 由于数学证明篇幅较长，在此省略。

保品 C_0 与投资金额 K、投资者的资金成本 r 及借款人的租金[①] $I/(1-y)$ 正相关，而与经营项目的期望收益 $\pi(Z|P^h)$ 负相关。

从结论 5-1 可以得出，只有当借款人所拥有的担保抵押品超过某一最低要求时，他才能获得融资，否则将被排除在借贷市场之外。因此，提高农户融资能力的一个关键因素就是增强他们的担保抵押能力。在农村经济领域内，因为种种制约因素，要求借款人提供担保或抵押品比较困难，从而导致农户难以获得金融机构的贷款。为了提供农户的融资能力，可以发展一些抵押担保替代机制：第一，实施监督替代，从最优化问题数学解表达式可以看出，通过监督活动来降低借款人的道德风险问题，相应地减少了借款人的租金 $I/(1-y)$，从而降低了担保抵押品；第二，提高借款人的组织化程度，如借款农户加入农民专业合作组织，进而提高借款人的组织化程度并以此可以获得该组织的提议（如技术指导、资金支持等），最终能够增加经营项目的预期收益 $\pi(Z|P^h)$，达到降低担保抵押品的效果。接下来的内容（5.3 节和 5.4 节），将在贷款担保品决定的基准模型基础上，分别讨论这两种贷款担保替代机制如何能够被作为农户融资机制创新的一个重要途径。

5.3 不同贷款监督技术下的融资机制

Conning（1996）的理论分析表明，当借款人的最低抵押担保品低于投资者或贷款人的最低要求时，则可以引入贷款活动来替代抵押担保品的不足，因为监督行为可降低借款人的道德风险问题，减少借款人的租金。在农村信贷市场上，借贷活动中的监督行为有三类：一是直接监督，如私人之间的借贷；二是代理监督，在借款人与投资者之间引入某种形式的中介，投资者通过中介来监督借款人，这种实施监督的中介可以为无监督资本的纯粹中介（如贷款经纪人），也可以是提供一部分自有资本的金融中介（如商业银行）或非金融中介（农民专业合作组织或涉农龙头企业）；三是同伴监督，如农户联保贷款、各类储金会等。

监督者实施监督需要付出一定的直接监督成本 m，这种成本表示贷款人花费在监督和控制借款人经营行为上的资源，如监督者可能经常检查借款人资金使用情况，从而降低借款人转移融资项目上的资金或资源的使用，即减少借款人所榨取的租金。这样偷懒行为下的私人额外利益 I 将会受到 m 的影响，从而由原来的

[①] 有关借款人的租金问题，详细的论述请参见 Laffont 和 Martimort（2002）。

I 降为 $I(m)$，私人额外利益函数 $I(m)$ [$I(m)$ 满足以下一阶与二阶条件：$I_m<0$；$I_{mm}>0$] 也表明了监督者的监控活动将如何改变借款人选择高努力水平（勤奋）的机会成本。

借款人所拥有的抵押担保品不同，则决定了其选择不同的监督融资方式，相应地，贷款监督条件下的融资时序如下：第一，参与方同意所有交易条件；第二，投资者向借款人发放数量为 K^F 的贷款量；第三，监督者投入数量为 K^I 的资本金，以及数量为 m 的监控资源，并在项目实施后进行监督；第四，借款人选择工作努力水平 P^h 或 P^l（P^h 与 P^l 均是不可观察的）；第五，产出在经营活动结束后确认，双方再依据初始的合约条件来分配投资收益。基于这种融资时序，下面内容分别对代理监督（监督者提供部分自有资本）、纯粹的中介监督（监督者不提供自有资本）、直接监督和同伴监督下的融资机制进行分析。

5.3.1 代理监督

代理监督就是代理监督者投入部分资本 K^I（假定这种监督资本 K^I 是稀缺的，其机会成本为 ϕ，且 $\phi>r$），代理监督者获取的收益为 V_i（此时，投资者、代理监督者和借款人共同分配项目产出 Z_i，即 $Z_i=U_i+V_i+b_i$）；投资者投入剩余资金 K^F，从而借款人的贷款资金 K 就来源于 K^F 和 K^I，即 $K^F+K^I=K$。此时，借款人的最优规划问题除了要满足投资者的参与约束、借款人的激励相容约束，以及借款人的有限责任约束条件外，还要满足代理监督者的参与约束和激励相容约束，即最优的借贷合约是解决以下最优化问题（Ⅱ）：

$$\max_{b_i} \pi(b_i|P^h)$$

$$\text{s.t.} \quad \pi(U_i|P^h) \geq r \cdot K^F \quad (5\text{-}5)$$

$$\pi(V_i|P^h) - m \geq \phi \cdot K^I \quad (5\text{-}6)$$

$$\pi(b_i|P^h) \geq \pi(b_i|P^l) + I(m) \quad (5\text{-}7)$$

$$\pi(V_i|P^h) - m \geq \pi(V_i|P^l) \quad (5\text{-}8)$$

$$U_i + V_i \leq Z_i + C \ (i=\text{s,f}) \quad (5\text{-}9)$$

$$K^F + K^I = K, K^F > 0, K^I > 0 \quad (5\text{-}10)$$

式（5-5）表示投资者从事交易的参与约束；式（5-6）表示代理监督者的参与约束，式（5-7）表示借款人的激励相容约束，注意到 $\pi(b_s|P^h)=P^h b_s+(1-P^h)b_f$

和 $\pi(b_f|P^l) = P^l b_f + (1-P^l)b_f$，于是可以得出 $b_s - b_f \geq I(m)/\Delta P$；式（5-8）表示代理监督者的激励相容约束；式（5-9）给出了借款人的有限责任约束条件，该式表明给定产出水平 Z_i，贷款人从该项目中获取收益的总量不能超过给定的产出 Z_i 和担保资产 C 的总额，注意到由 $U_i = Z_i - b_i - V_i$，从而式（5-9）等价于 $b_i \geq -C$；式（5-10）代表项目资金来源。

对上述最优化问题（Ⅱ）进行数学求解，可以得出以下表达式：

$$C_A = rK^F - \pi(Z|P^h) + \frac{m+I(m)}{1-y} + V_f$$

进一步，如果项目失败时，代理监督者所获取的收益为零，即 $V_f = 0$，且由式（5-6）和式（5-8）的代数表达式，可以得出

$$C_A = rK - \pi(Z|P^h) + \frac{m+I(m)}{1-y} - \frac{rym}{\phi(1-y)} = C_0 + \frac{m+I(m)-I}{1-y} - \frac{rym}{\phi(1-y)}$$

由 C_A 表达式，可以得出 $C_A - C_0 = \{[m+I(m)-I]/(1-y)\} - \{(rym)/[\phi(1-y)]\}$，假如监督活动是绝对值得的，即 $I - I(m) > m$，则有 $C_A - C_0 < 0$。因此，相对于无监督贷款模型，此时借款人所提供的最低担保品 C_A 小于 C_0，这样监督活动可以替代担保品的不足，即只要贷款监督行为是有效的，就起到了替代担保品不足的功能。

5.3.2 纯粹的中介监督

如果代理监督者不投入资本，而投资者投入全部资本，即 $K^F = K$，$K^I = 0$，此时，代理监督者就变成了纯粹的中介监督者，相应地，监督者的参与约束不会产生作用。在最优化问题（Ⅱ）中，将监督者的参与约束式（5-6）去掉，就变成了纯粹中介监督下的最优化问题（Ⅲ）。

对最优化问题（Ⅲ）进行数学求解，可以得出以下表达式：

$$C_I = rK - \pi(Z|P^h) + \frac{m+I(m)}{1-y} = C_0 + \frac{m+I(m)-I}{1-y}$$

显然，只要存在 $I - I(m) > m$，就有 $C_I - C_0 < 0$，即纯粹的中介监督亦可以降低抵押担保品的要求。

5.3.3 直接监督

如果代理监督者投入全部资本，即 $K^F = 0$，$K^I = K$，此时，代理监督贷款

将演化为直接监督贷款，相应地，监督者的激励相容约束不会产生作用。这样，在最优化问题（Ⅱ）中，将监督者的激励相容约束式（5-8）去掉，则变成了直接监督下的最优化问题（Ⅳ）。

对最优化问题（Ⅳ）进行数学求解，可以得出以下表达式：

$$C_D = rK - \pi(Z|P^h) + \frac{I(m)}{1-y} + m + (\phi - r)K = C_0 + \frac{I(m)-I}{1-y} + m + (\phi - r)K$$

由于 $C_D - C_0 = [I(m)-I]/(1-y) + m + (\phi - r)K$，$[I(m)-I]/(1-y)$、$m$ 和 $(\phi - r)K$ 分别对应借款人的租金、直接监督成本和监督资本的超额回报，故 $C_D - C_0$ 的符号将取决于这三种效应的综合比较（进一步的讨论将在四种监督贷款的总结部分）。

5.3.4 同伴监督

在借款人进行资金互助合作中，同伴之间的监督经常会出现，比较典型的就是团体贷款模式。在团体贷款中，一方面借款人使用所借资金从事自己的投资项目，另一方面借款人之间要进行相互监督（因为借款人之间存在连带责任），以防范其他借款人的道德风险问题。因此，在团体贷款中，为了激励团体中的小组成员从事自己的投资项目以及彼此之间进行监督，则最优的借贷合约除了满足借款人的激励相容约束与有限责任外，还要满足借款人的监督激励。这样，在同伴监督贷款情形下，投资收益分配满足 $Z_i = U_i + b_i$，资本要求满足 $K^F + K^I = K$，$K^F = K$，$K^I = 0$，同时，将最优化问题（Ⅱ）中的监督者参与约束式（5-6）去掉，这样，最优化问题（Ⅱ）变成了同伴监督下的最优化规划问题（Ⅴ）。

对最优化问题（Ⅴ）进行数学求解，可以得出以下表达式：

$$C_P = rK - \pi(Z|P^h) + \frac{\max(I(m), m)}{1-y}$$

将 C_P 值同 C_I、C_0 进行比较，则有 $C_P < C_I < C_0$，即同伴监督下的团体（联保）贷款更能降低贷款所要求的抵押担保品。

综合以上四种监督贷款，可以看出它们之间的主要异同点（参见表 5-1）。不同监督贷款情形下，监督者所投入的监督资本有差异，直接监督下监督者投入全部资本，代理监督下监督者投入部分资本，而纯粹中介监督、同伴监督下监督者不投入资本；四种监督贷款下，监督者所付出的监督直接成本（即 m）均是相同的；在纯粹中介监督、代理监督和直接监督下，虽然借款人所攫取的租金相同〔即 $I(m)/(1-y)$〕，但由于监督者所投入资本不同（相应地影响了监督效率），代理监督者所获取的租金存在差异，即代理监督租金分别为 $ym/(1-y)$、$[ym/(1-y)](1-r/\phi)$ 和 0；对于同伴监督而言，由于连带责任，借款人必须自己承担监督成本，并从他们所获取的租金中来支付监督直接成本，故不存在代理监督租金问题。

表 5-1 四类监督贷款的异同点

项目	纯粹中介监督	代理监督	直接监督	同伴监督
监督资本金	0	$(0, K)$	K	0
监督直接成本	m	m	m	m
代理监督租金	$ym/(1-y)$	$\dfrac{ym}{1-y}\left(1-\dfrac{r}{\phi}\right)$	0	0
借款人租金	$I(m)/(1-y)$	$I(m)/(1-y)$	$I(m)/(1-y)$	$-m+\max(m,I(m))/(1-y)$
最低担保要求	$C_I = rK - \pi + [m+I(m)]/(1-y)$	$C_A = rK - \pi + [m+I(m)]/(1-y) - rym/[\phi(1-y)]$	$C_D = rK - \pi + I(m)/(1-y) + m+(\phi-r)K$	$C_P = rK - \pi + \max(m,I(m))/(1-y)$

注：①监督资本金就是 K^I 的取值；② $\pi = \pi(Z|P^h)$

如果从这四种监督贷款所要求的最低贷款担保要求来看，不仅存在着 $C_I < C_0$，而且有 $C_A < C_I < C_0$，因此，纯粹中介监督有利于降低贷款担保品要求，而代理监督更能进一步降低贷款担保品。对于 $C_D - C_0$ 而言，其符号（即能否降低贷款担保品）将取决于借款人的租金、监督成本和监督资本的超额回报的综合比较；进一步有 $C_D - C_A = [(\phi-r)K^F + \phi K^I] - ym/(1-y)$，即投入全部资本的监督贷款同投入部分资本的监督贷款的优劣势，将取决于代理监督租金 $ym/(1-y)$ 和投入资本的超额回报 $[(\phi-r)K^F + \phi K^I]$ 之间的相对大小，或者说是监督资本的稀缺性与贷款监督技术有效性之间的相对权衡。另外，$C_P < C_I < C_0$，且 $C_P - C_A$ 小于零的可能性相当大，于是有 $C_P < C_A < C_I$，这进一步说明团体（联保）贷款更有利于抵押担保能力弱的借款人融资，且可能优于代理和纯粹中介监督贷款模式。综合这些分析结果，从而得出以下结论：

结论 5-2：在农村信贷市场上，只要贷款监督是有效的，则纯粹的中介监督、代理监督均可以降低最低抵押担保品，从而有利于融资；而在监督者投入全部资本的直接监督贷款情形下，监督能否改善融资条件将取决于监督资本的超额回报同监督技术有效性之间的相对大小；同伴监督情形下的团体（联保）贷款更有利于抵押担保能力弱的借款人融资，且可能优于代理监督贷款模式。

5.3.5　不同贷款监督效率的模拟分析

为了更好地比较代理监督、中介监督、直接监督和同伴监督贷款的效率，下面将通过对相关参数合理赋值模拟来分析这几种监督对贷款融资条件的影响。假定经营项目是规模报酬不变的，令总投资资本 $K=1$，则其他变量就相应地变成了比例形式。普通投资者的资金机会成本 r 假定等于一年期商业银行存款利率，即 $r=3.5\%$；由于 $\phi>r$，则令 $\phi=5\%$。另外，借款人的道德风险程度体现在似然比 y 值的大小上，该值越小就意味着道德风险程度就越严重，假定 $P^h=90\%$，$P^l=45\%$，参数 y 的赋值就是 0.5（中等程度的道德风险）。在模拟图 5-1 中，横轴表示监督成本 m，纵轴代表最低担保品 C_i，其中 i 分别表示 A（代理监督）、I（中介监督）、D（直接监督）和 P（同伴监督），相应地，图 5-1 中的曲线 A、I、D 和 P 就分别表示代理监督贷款、中介监督贷款、直接监督贷款和同伴监督贷款下的最低担保品 C_i 与监督成本 m 之间的函数关系。根据以上假定与参数赋值，通过 MATLAB 软件计算，得到的模拟效果如图 5-1 所示。

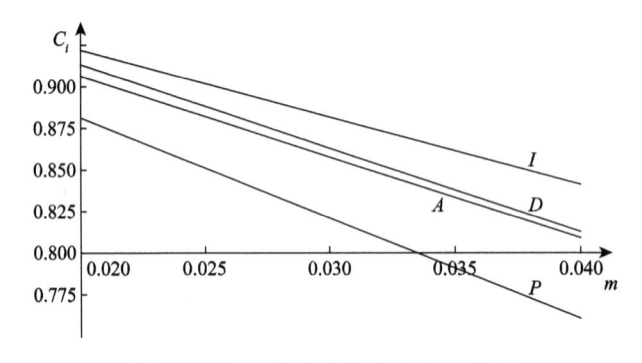

图 5-1　不同贷款监督效率的模拟比较

从图 5-1 中可以看出，模拟结果总体上与理论分析一致，即贷款监督 m 与贷款所要求的最低担保品 C_i 之间存在着反向关系，在借贷合约中，贷款人所投入的监督资源 m 越多，则借贷合约要求借款农户所提供的最低担保品 C_i 就越少。图 5-1 中的曲线 P、A 和 I 还显示出：投入相同的贷款监督成本 m，则在不同的的贷款监督机制下，其所要求的最低担保品 C_i 就存在着差异，这与理论预测基本一致，即存在着 $C_P<C_A<C_I$（在等同的监督成本 m 下，同伴监督贷款所要求的最低担保品 C_P 小于代理监督贷款下的 C_A，而代理监督贷款下的 C_A 又小于纯粹中介监督贷款下的 C_I），而且随着监督成本 m 增加，C_P、C_A 和 C_I 三者之间的差距呈扩大趋势。另外，理论分析预测，C_D-C_A 的符号取决于代理监督租金

和资本的超额回报之间的相对大小,图 5-1 中的模拟结果表明 $C_D - C_A$ 大于零,即在当前的参数赋值下,资本的超额回报大于代理监督租金(当然,如果改变参数赋值,则会出现 $C_D - C_A$ 等于或小于零的情形,即曲线 D 可能位于曲线 A 的下方或者两曲线重合),从而印证了理论推测。

上述的理论模型及其模拟结果均表明,只要贷款监督行为是有效的,就能够起到替代担保品不足的功能,并且同伴监督式的融资机制优于代理监督式的融资机制,而代理监督式的融资机制又优于纯粹中介监督式的融资机制。因此,下面根据借款农户的资产或财富禀赋状况,以及贷款人对借款农户偿还贷款的意愿与能力等私人信息的拥有量(进而决定着贷款人的监督成本),设计出适合不同借款农户的融资机制。

5.4 贷款监督基础上引入提议的融资机制

Tirole(2006)和 Casamatta(2003)认为融资中介的作用不仅仅局限于监督职能,还具有提议(advising)的功能,即这些融资中介可利用自己所拥有的某些专长或技术以及建议协助借款人实施投资项目,从而提高投资项目的成功率;同时,融资过程中的监督和提议职能,可以由不同的机构分别担当,也可以由同一个组织兼任。

在目前我国农村经济领域内,存在着各种类型的农民专业合作组织,它们同农户之间有着诸多的产业利益关联,这些农民专业合作组织除了为农户提供诸如生产资金或技术咨询,或两者兼而有之的服务,还可以对农户的经营项目进行有效的监督。相比这些农民专业合作组织,农村金融机构虽然资金充裕,但其监督、提议(技术咨询)的能力相对较弱。因此,对监督与提议下的融资条件进行比较,有助于判断农民专业合作组织与农村金融机构的优劣,从而选择有效的融资机制。

由于融资中介所承担的监督与提议职能有不同的组合方式,则可将农村融资模式分为:(a)提议+监督+贷款模式;(b)提议(监督)+贷款模式;(c)提议+贷款模式,这三种融资模式分别对应着洪正等(2010)所总结的(1)、(2)和(3)三种类型:(1)农户+农民专业合作组织+涉农龙头企业+金融组织,即农民专业合作组织提供生产技术支持,承担提议的职能,涉农龙头企业提供部分资金和监督农户的项目实施,金融组织提供部分贷款;(2)农户+涉农龙头企业+金融组织,即涉农龙头企业同时提供技术咨询服务和监督项目的实施,即同时承担提议和监督的职能,而金融组织提供贷款;(3)农户+农民专业合作组织+金融组织,此时,农民专业合作组织仅提供技术咨询服务,金融组织负责向农户提供贷款。

为了比较上述(a)、(b)和(c)模式的融资条件,我们在代理监督模型(最优规划Ⅱ)基础上进行分析。为了简化模型的数学推导,对最优规划Ⅱ进一步假设:项目失败时所有收益均为零,即 $Z_f = b_f = V_f = U_f = 0$,且借款人将失去抵押担保品 C,而投资者将获取抵押担保品 C。另外,提议者所进行的提议活动使得项目成功率增加,即由原来的 $P^i(i=s,f)$ 增加到 P^i+q(如果没有提议活动,则 $q=0$,且提议者的激励约束独立于 P^i),相应地,提议者的提议成本为 c_q。在上述(a)、(b)和(c)的融资模式下,当项目成功时,提议者的最低激励收益分别为 A_1、A_2 和 A_3。同时,假定提议者无资本,监督者提供部分资本 K^I,相应地,金融机构就类似于普通投资者(为经营项目提供数量为 K^F 的资金)。由于融资模式(a)情形较为复杂,故我们首先考虑模式(a)的融资决定模型,即提议者与监督者由不同机构担当时,借款人最优规划(Ⅵ)为

$$\max_b \pi\left\{\left[b_i\middle|(P^h+q)\right]+(1-P^h-q)(-C)\right\}$$

$$\text{s.t.} \quad \pi\left[U_i\middle|(P^h+q)\right]+(1-P^h-q)C \geq r \cdot K^F \quad (5\text{-}11)$$

$$\pi\left[V_i\middle|(P^h+q)\right]-m \geq \phi \cdot K^I \quad (5\text{-}12)$$

$$\pi\left[b_i\middle|(P^h+q)\right]+(1-P^h-q)(-C) \geq \pi\left[b_i\middle|P^l\right]+(1-P^l)(-C)+I(m) \quad (5\text{-}13)$$

$$\pi\left[V_i\middle|(P^h+q)\right]-m \geq \pi\left(V_i\middle|P^l\right) \quad (5\text{-}14)$$

$$(P^i+q) \cdot A_1 - c_q \geq P^i \cdot A_1 \quad (5\text{-}15)$$

$$Z_i = b_i + U_i + V_i + A_1 \quad (5\text{-}16)$$

$$b_i \geq -C \quad (5\text{-}17)$$

$$K^F + K^I = K, K^F > 0, K^I > 0 \quad (5\text{-}18)$$

在上述最优规划问题(Ⅵ)中,$(P^i+q) \cdot A_1 - c_q \geq P^i \cdot A_1$ 表示提议者的激励约束条件。通过求解,可以得出融资模式(a)下的融资条件(即项目可保证收入足以补偿投资者的条件)为

$$qZ_s \geq c_q + P^h c_q/q - \frac{qP^l I(m)}{\Delta P(\Delta P+q)} - \frac{qP^l m}{\Delta P(\Delta P+q)}\left(1-\frac{r}{\phi}\right)$$

上式表明提议增加的收益应该大于提议成本加上监督者与借款人的租金之和。同样,在最优规划(Ⅵ)模型基础上,可以进一步得出融资模式(c)下的融资条件为

$$qZ_s \geq c_q + P^h c_q/q + qI/\Delta P$$

现在来比较一下融资模式（a）和融资模式（b）的融资优劣势。在模式（a）下，给予提议者与监督者的最低激励成本为 (A_1+V_s)，即为 $[m/(\Delta P+q)]+(c_q/q)$；而在模式（b）下，由于提议者与监督者是同一机构（农民专业合作组织），此时，给予其最低激励成本为 A_2，即为 $(m+c_q)/(\Delta P+q)$，显然，有 $A_2<(A_1+V_s)$，从而模式（b）比模式（a）更有利于农户融资。综合以上分析，可以得出以下结论：

结论 5-3：第一，没有监督情形下，农民专业合作组织作为单纯的提议者［融资模式（c）］，其改善融资的基本条件是 $qZ_s \geq c_q + P^h c_q/q + qI/\Delta P$；第二，在监督贷款基础上，农民专业合作组织作为提议者［融资模式（a）］而参与农户融资，其改善融资的基本条件是 $qZ_s \geq c_q + P^h c_q/q - \{[qp^1I(m)]/[\Delta P(\Delta P+q)]\} - \{(qp^1m)/[\Delta P(\Delta P+q)]\}(1-(r/\phi))$；第三，相对于不同机构分别承担监督与提议职能的融资方式［融资模式（a）］，同一机构所承担监督与提议职能的融资方式［融资模式（b）］更有利于农户融资。

由结论 5-3 可以看出，监督者与提议者由同一组织担当，则有利于节约监督成本与提议成本，提高投资项目的成功率。而农民专业合作组织在农户融资过程中，能够很好地发挥监督作用和提议职能，因此，农村金融机构可以通过农民专业合作组织（或涉农龙头企业）向农户贷款，或者以农民专业合作组织参股或控股的方式来组建农村金融机构，这可能比单纯的金融资本发起成立的贷款公司更有利于农户融资。

5.5　结论与启示

在当前我国许多农村地区，农村金融体制改革所面临的核心问题依然是如何解决农户或农村小微企业融资难问题。而解决农村融资难的关键在于：在信贷合约中引进恰当的机制来放松合约激励约束条件，减少有限责任租，降低贷款抵押担保品要求，使得融资活动成为可能。贷款监督就是一个有效的机制，可起到贷款担保替代的功能，运用各种贷款监督技术，可以减少借款人的道德风险问题，从而有利于借贷合约的签订与履行。

然而，受监督技术效率、监督者的自有资本和借贷合约关联等因素的影响，不同类型的监督方式对监督收益与成本的影响存在着差异。基于借贷合约理论的视角，本章分析表明：只要贷款监督是有效的，则纯粹的中介监督、代理监督均可以降低最低抵押担保品，从而有利于融资；而在直接监督贷款情形下，监督能否改善融资条件将取决于监督资本的超额回报同监督技术有效性之间的相对大小；同伴监督情形下的团体（联保）贷款更有利于抵押担保能力弱的借款人融资，且可能优于代理和纯粹中介监督贷款模式；在贷款监督的融资模型基础上，引入提议者，可以提高投资项目的成功率，降低融资成本，从而更有利于农户的融资。

　　第一，积极引导纯粹的民间资本进入农村领域，夯实与推进农村金融的"增量培育"，政府引导和鼓励与农村有天然贴近的民间资本进入农村领域，组建新型农村金融机构，从而能够使乡村居民根据一致同意的原则进行借贷交易，内生出适宜于乡村借贷主体的金融交易规则或制度。第二，引导与鼓励各类监督资本参与农村融资活动，如果农村借贷交易所要求的抵押担保品相对稀缺，则可引入贷款监督机制；通过一些优惠的政策及制度安排，鼓励一些民间监督资本进入农村领域，如放宽民营资本组建贷款公司的限制，允许各类农民专业合作组织组建、设立或控股农村金融机构及小额贷款担保公司等。第三，探索组建与发展农村可抵押（担保）市场，在一些经济条件较好的农村地区，地方政府可采取一些措施，如建立农村资产的抵押（担保）价值认定和登记评估制度等，激活农村土地、住房、林权等资产背后隐藏的经济潜能，改变这些资产不可抵押（担保）的现状，并以此探索建立农村资产可抵押（担保）市场。

第6章 合约担保替代对农户融资结构的影响

——基于农户调查数据的实证分析

发展中国家的农村信贷市场上普遍存在着信息约束,不仅收集有关借款农户风险偏好、还款意愿及能力等方面的信息困难,而且监督农户的贷款使用情况更难。但对于贷款人而言,信息收集及将其运用在甄别、监督与贷款偿还等方面是其所采用的借贷合约(贷款技术)核心问题,这样,在处理标准信息("硬"信息)上具有比较优势的农村正规金融机构,主要利用借款人的财务报表、投资计划书、资产抵押和定期审计等标准信息来甄别申请人与监督借款人,如果无法(或高成本)获得标准信息,则他们通常坚持向借款人发放担保贷款。相反,农村非正规金融部门恰恰具备了正规金融机构所不具有的抵押、信息等优势(Hoff and Stiglitz, 1993; Tang, 1995; Chiteji, 2002),在处理基于"人格化"的非标准信息("软"信息)方面具有比较优势,可凭借亲缘、业缘和地缘等关系无(或较低)成本甄别与监督借款农户,进而可以向担保能力不足甚至无担保的农户发放担保替代(监督)贷款。因此,在农村信贷市场上,不同贷款人结合自身比较优势,选择相应的借贷合约(贷款技术),将贷款提供给农户。

事实上,大量研究表明,在许多国家或地区的农村信贷市场上,存在着正规金融与非正规金融同时向农户放贷的现象(Bell et al., 1997; Floro and Ray, 1997; Hoff and Stiglitz, 1998; 姜旭朝, 1995; 温铁军, 2005; 韩俊等, 2007; 张杰, 2007; 陈雨露和马勇, 2010)。Hoff和Stiglitz(1998)、Bose(1998)、Jain(1999)等的理论分析认为,正规金融不愿向不满足条件的农户放贷,转而利用非正规金融的信息或监督等优势,向农户提供一小部分贷款;林毅夫和孙希芳(2005)从信息角度证明,非正规金融可以解决信贷市场中的逆向选择问题,从而可提升信贷市场效率;Varghese(2005)所构建的理论模型表明,非正规金融利用自身的信息优势,能够解决信贷合约中的有成本可证实状态问题(costly state verification，CSV），进而向农户提供贷款。但是，这些研究缺乏对应的实证检验。陈雨露和马勇（2010）、韩俊等（2007）、张杰（2007）等针对中国农村信贷市场上农户融资行为进行了实证研究，但是，实证研究的理论基础并不是基于信贷合约视角推导的。虽然 Conning（1996）从信贷合约（贷款技术）角度分析农村信贷市场结构问题，但其实证检验模型所使用的变量过于简单，遗漏了信贷合约理论模型中的一些关键性信息（如贷款监督、借贷交易环境）。因此，针对以上的研究缺憾，本章在 Nagarajan（1992）、Conning（1996）的研究框架基础上，运用重庆市农户借贷的调查数据，实证分析农户融资结构及决定因素。

6.1 道德风险下的信贷合约

6.1.1 借款人行为

在一个农村经济领域内，存在着具有某一生产技术的农户，其生产经营所要求资金总投资为 K，但由于自然因素等外生条件的影响，经营活动并不确定，为了分析方便，假设每一项经营活动结果仅存在两种可能：成功或失败。成功时生产结果为 Z_s，失败时产出为 Z_f，且 $Z_s > Z_f$。另外，对于每一项经营活动，假设农户有两种可能的努力水平[①]：勤奋或懒惰，相应地，努力水平会影响农户经营项目的期望收益。当农户选择高努力水平行动（勤奋）时，则经营项目的成功概率为 P^h，失败概率为 $(1-P^h)$，此时经营项目的期望收益为 $\pi(Z|P^h) = P^h Z_s + (1-P^h) Z_f$。类似地，当农户选择低努力水平行动（懒惰）时，则经营项目的成功概率表示为 $P^l (< P^h)$，失败概率为 $(1-P^l)$，相应地，经营项目的期望收益为 $\pi(Z|P^l) = P^l Z_s + (1-P^l) Z_f$。

借款农户获得了项目贷款后，如果他将项目贷款转移到其他方面使用，或者降低在贷款项目上的工作努力而从事其他经营活动，则可以获得额外利益 $I(m)$。这样，当贷款发放后而借款农户行为不能被贷款人观察到时，则道德风险问题将会产生。反过来讲，如果农户选择了勤奋，就假设没有道德风险所产生的额外利益 $I(m)$，相应地，懒惰行为下的额外利益 $I(m)$ 将会受到 m 的影响（m 代表监控强度，即贷款人花费在监督、控制借款人贷款使用上的资源）。因此，

[①] 这种努力水平通常指农户在经营项目上的劳动付出程度，还可以认为是农户在经营项目中实际投入的有形资本的数量和质量（如农业生产投入的化肥、种子等生产资料的质量与数量等）。

额外利益 $I(m)$ 函数也表明了贷款人的监督与控制活动将如何改变借款人选择勤奋行为的机会成本。进一步假设贷款人的监控活动的收益是递减的，即额外利益 $I(m)$ 满足以下一阶与二阶条件：$I_m < 0$，$I_{mm} > 0$。

对于所有的借款农户，假定他们在提供贷款担保品方面，存在着较大差异，在项目结果确定时，作为担保品的资产价值用 C 表示。

6.1.2 贷款人行为

农村信贷市场上，假设有两类贷款人：一类是正规金融机构（如商业性银行），主要发放担保贷款，因为市场信息的约束，它们对借款农户的了解与监督相当困难，从而严重依赖担保品来保证其贷款的收回。另一类是非正规金融部门，如储金会、亲友借贷等，他们发放贷款时，较少地依靠担保品，而是依赖于其对借款农户的有效了解及监督，以保证其贷款的收回（如利用地缘、业缘等优势来监视借款人所从事的经营活动），因此，可以认为这是一种担保替代贷款或者监督贷款。假设农户经营项目的投资资金 K 全部来源于贷款，若非正规金融部门向借款农户提供了 $K^{IF} \geq 0$ 的贷款，则剩余部分将由正规金融机构提供，其贷款的金额为 $K^{FF} \geq 0$，因而两种类型贷款人所提供的贷款金额满足以下条件[①]：$K^{IF} + K^{FF} = K$。

6.1.3 信贷合约均衡

假设项目产出是一个很容易观察的变量，则信贷合约的设计问题就是借款人与贷款人如何分配项目产出 $Z_i (i = s, f)$。如果农户从项目中获取的收益为 b_i，非正规金融部门的收益为 V_i，则正规金融机构的收益就为 $U_i = Z_i - b_i - V_i$。根据这种产出分配的假设，信贷合约参与者达成合约的顺序（不考虑借贷双方之间的讨价还价因素）如下：一是借贷双方同意所有交易条件，贷款人向借款人发放数量为 K^{IF} 或 $K^{IF} + K^{FF}$ 或 K^{FF} 的贷款量；二是在项目生产之前，非正规贷款人准备投入数量为 m 的监控资源；三是在上述两个条件下，农户选择不可观察的工作努力水平 P^h 或 P^l；四是项目产出在经营活动结束后确认，借贷双方再根据初始的信贷合约条件来分配产出。假定贷款人市场（正规和非正规贷款人）为完全竞争性市场，则信贷市场均衡时，对

[①] 缺乏担保品 C 的借款人首先向非正规贷款人借款，剩余部分由正规金融机构提供。事实上，Jain（1999）证明了正规金融利用非正规金融的信息优势，向借款人提供剩余部分贷款，即发放数量为 $K^{FF} = K - K^{IF}$ 的贷款。

于拥有担保资产为 C 的借款农户而言，最优的信贷合约 (b_i, V_i, U_i) 是解决以下最优化问题：

$$\max_{b_i, V_i, m} \pi(b|P^h)$$

$$\text{s.t.} \quad \pi(U_i|P^h) \geq r \cdot K^{FF} \tag{6-1}$$

$$\pi(V_i|P^h) - m \geq r \cdot K^{IF} \tag{6-2}$$

$$\pi(b_i|P^h) \geq \pi(b_i|P^l) + I(m) \tag{6-3}$$

$$\pi(V_i|P^h) - m \geq \pi(V_i|P^l) \tag{6-4}$$

$$U_i + V_i \leq Z_i + C \,(i = s, f) \tag{6-5}$$

$$K^{IF} + K^{FF} = K, \; K^{IF} \geq 0, \; K^{FF} \geq 0 \tag{6-6}$$

上述各式中的 r 代表资金的机会成本；式（6-1）表示正规贷款人（商业银行）从事交易的参与约束；式（6-2）表示非正规贷款人的参与约束；借款农户的激励相容约束条件由式（6-3）给出，注意到 $\pi(b_s|P^h) = P^h b_s + (1-P^h) b_f$ 和 $\pi(b_f|P^l) = P^l b_s + (1-P^l) b_f$，于是可以得出：$b_s - b_f \geq I(m)/\Delta P\,(\Delta P = P^h - P^l)$；式（6-4）代表非正规贷款人的激励相容约束条件；式（6-5）表明给定产出水平 Z_i，贷款人从该项目中获取收益的总量不能超过给定的产出 Z_i 和担保资产 C 的总额，注意到由 $U_i = Z_i - b_i - V_i$，从而式（6-5）等价于 $b_i \geq -C$。

对上述最优化问题进行数学求解①，可以得出以下表达式：

$$C = P^h I(m)/\Delta P - \pi(Z|P^h) + rK + m \tag{6-7}$$

这样，当借款农户申请贷款时，其最低担保资产要求 $\underline{C}(m)(\in [0, \infty))$ 可以表示为 $\underline{C}(m) = P^h I(m)/\Delta P - \pi(Z|P^h) + rK + m$。相应地，对拥有最低担保资产 $\underline{C}(m)$ 的借款农户所实施的最优监控强度 $m(\underline{C})$，就由 $\underline{C}(m)$ 的反函数给出。

接下来，依据最优信贷合约 (b_i, V_i, U_i) 的最优化方程组，并结合最低担保资产 $\underline{C}(m)$ 来分析借款农户的可能融资结构。

假设信贷市场上的贷款者仅有正规金融机构，则可以去掉最优化方程组中的式（6-2）与式（6-4）（即 $V_s = V_f = m = 0$）。将 $m = 0$ 代入 $\underline{C}(m)$ 的表达式，有

$$\underline{C}(0) = P^h I(0)/\Delta P - \pi(Z|P^h) + rK \tag{6-8}$$

式（6-8）就是仅有正规金融机构情形下的最低担保资产。因此，当 $C < \underline{C}(0)$ 时，如果正规金融机构无法保证借款农户不谋取额外利益 $I(m)$，则它们

---

① 由于数学证明篇幅较长，在此省略。

就没有激励向借款农户提借贷款，但借款农户还可以通过非正规金融部门获得项目资金；而当 $C > \underline{C}(0)$ 时，借款农户容易获得银行的担保贷款。

现在来分析非正规金融部门进入信贷市场的情形。由于假设过贷款者可以自由进入或退出市场，则可以认为非正规金融贷款所获得的利润为零，此时式（6-2）可以取等号，且非正规贷款人的激励相容条件式（6-4）可取等号；另外，当项目失败时，非正规贷款人的收益 V_f 将接近于零（借款人没有提供担保）。将 $V_f = 0$ 与 $V_s = V_f + m/\Delta P$ [式（6-4）取等号而得] 代入式（6-2），则有 $rK^{IF} = P^h m / \Delta P - m$；这样当项目失败时，非正规贷款人的亏损总额 $(P^h m / \Delta P)$ 恰好等于全部贷款成本 rK 加上监控成本；当项目成功时，其期望收益正好可以弥补监控成本 m 和资金成本 rK^{IF}。

由于非正规贷款人提供的是非担保贷款，这必然给贷款带来较多风险，故非正规贷款人就有激励监控借款人对资金 K^{IF} 的使用。正是因为非正规贷款人发放了监督贷款，从而诱使正规金融机构有可能发放剩余部分的贷款 $K^{FF} = K - K^{IF}$。当然，监控行为能否降低最低贷款担保品，则取决于监控技术所产生的两种效果：一是监控技术可以降低借款人的额外利益 $I(m)$，从而降低最低担保品要求；二是监控行为是有成本的，当 $C'(m)<0$ 时，监控的净效应将导致最低担保资产数量的下降，反之，将导致担保资产量的增加。因此，将会存在一个监控行为的临界值 $(\bar{m})$，使得监控边际收益等于其边际成本，这一临界值 $(\bar{m})$ 就是由条件 $C'(m) = 0$ 所决定的，超过临界值 $(\bar{m})$，监控的边际成本大于边际收益，继续监控不会带来担保资产的下降；相应地，在 $\bar{m}$ 处，最低担保资产量为 $\underline{C}(\bar{m})$。

另外，在区间 $\left[\underline{C}(\bar{m}), \underline{C}(0)\right]$ 内，随着借款人所能提供的最低担保资产 $\underline{C}$ 越来越少，在其总借款组合中，将更多地求助于非正规贷款人的监督贷款。当最低担保资产 $\underline{C}$ 下降到 $\underline{C}(\hat{m})$ 时，即监控强度达到 $\hat{m}$ 点时（由 $rK^{IF} = P^h \hat{m}/\Delta P - \hat{m} = rK$ 所确定，从而 $\hat{m} = rK \cdot \Delta P / P^I$），就意味着非正规贷款人向借款农户提供全部项目融资款 K。这样，当借款人最低担保资产处于区间 $\left[\underline{C}(\bar{m}), \underline{C}(\hat{m})\right]$ 时，他将全部依赖于非正规金融部门所提供的监督贷款。综合以上分析，可以得出以下命题：

命题 6-1：对具有最低担保资产 $\underline{C}(m)$ 的借款农户而言，其融资结构有以下可能组合（表6-1）。

表 6-1 借款农户的可能融资类型

类型	最低担保品（或监控强度）	融资来源结构	对应的融资量
None	$C \leq \underline{C}(\overline{m})$	不能获取外源融资	$K^{IF}=0, K^{FF}=0$
IF	$\underline{C}(\overline{m}) < C \leq \underline{C}(\hat{m})$	非正规金融部门融资	$K^{IF}=K, K^{FF}=0$
混合	$\underline{C}(\hat{m}) < C \leq \underline{C}(0)$	正规与非正规金融部门融资	$K^{IF}>0, K^{FF}>0$
FF	$C > \underline{C}(0)$	正规金融部门融资	$K^{IF}=0, K^{FF}=K$

因此，从该理论命题可以推出：在农户确定某一具体的借款渠道时，与担保资产或监督强度（担保替代）有关的一些因素，将影响借款农户获取某类贷款的概率，即担保能力高的借款农户，其获取正规金融机构担保贷款的概率就越大，而担保能力低且易被贷款人监督的借款农户，其获得非正规金融部门监督贷款（担保替代贷款）的概率就越大。进而，该理论命题亦构成了本章计量分析的基础。

6.2 计量模型与变量、数据说明

为了检验以上假说，本节将使用多元选择的计量分析模型，来分析农户融资结构及其决定因素；同时对计量模型所使用的变量与数据进行说明，而实际计量结果将在 6.3 节分进行阐释。

6.2.1 计量模型说明

1. 模型Ⅰ：多项式 Logit 模型

对于多元选择问题，运用较为广泛的计量经济模型是多项式 Logit 模型，在该模型下，农户的借款选择可以概括为

$$\text{Prob}(Y_i = j) = \exp(X_i \boldsymbol{\beta}_j) \bigg/ \left[1 + \sum_j \exp(X_i \boldsymbol{\beta}_j)\right] \quad (j=1,2,3; i=1,2,\cdots,n)$$

其中，$\boldsymbol{\beta}_j$ 表示一组待估计的参数向量；X_i 表示影响农户借款获取的变量，如农户所拥有的担保资产、家庭收入、户主年龄等；i 表示不同的选择个体；j 表示借款选择集，即没有借款（$j=0$）、只有非正规借款（$j=1$）、只有正规借款（$j=2$）、混合借款（$j=3$）。

运用多项式 Logit 模型进行估计时，由于难以获得各变量对各选择项的直接

效应，因而，在实际操作上，以某一个选择项为参考，分别估计各变量对其他各选择项的影响。基于此，设定没有借款（$j=0$）的选择项为模型估计的参照选项，于是多项式 Logit 模型的估计方程可以表示为

$$\text{Ln}\Phi_{j|r}(X_i) = \beta_{0,j|r} + \beta_{1,j|r} \cdot X_{1i} + \cdots + \beta_{n,j|r} \cdot X_{ni}$$

这实质上是对 $j-1$ 个方程的估计。从表 6-3 的估计结果可以看出，多项式 Logit 模型对各个选择项的参数估计结果是以非借款选择（$j=0$）为参照的。

2. 模型 Ⅱ：OLM

如果从担保品连续统或者监控强度连续统看，因变量（农户融资类型）又具有排序性质，则多项式 Logit 模型将不能解决因变量的有序分类问题，相应地，OLM 可以有效地解决有序多分类问题（Liao，1994）。OLM 中，存在一潜在回归式：

$$y^* = x' \cdot \beta + \varepsilon$$

潜在变量 y^* 值从 $-\infty$ 到 ∞，且是观察变量的映射；变量 y 通过下列关系提供有关 y^* 的不完全信息：$y_j = m$，如果 $\tau_{m-1} \leq y_j^* \leq \tau_m$，$m = 1, 2, \cdots, M$，其中 τ 为割点，且 $\tau_1 = -\infty$，$\tau_M = \infty$，对于所有正值概率，则存在着 $\tau_1 < \tau_2 < \tau_3 \cdots < \tau_M$；用极大似然函数来估计 y^* 关于 x 的回归。

在有序多分类 Logit 定义式中，有关观察值 j 的概率对应着被估计函数的概率加上随机误差［随机误差被假定服从累计分布函数 $\Lambda(\cdot)$，且其概率密度函数 $\lambda(\cdot)$ 属于被估计的割点范围之内的］，因此：

$$\text{Prob}(y = j) = \Lambda\left(\tau_j - \sum_{k=1}^{K}\beta_k x_k\right) - \Lambda\left(\tau_{j-1} - \sum_{k=1}^{K}\beta_k x_k\right)$$

其中，τ 为割点；β 为被估计系数；x 为解释变量。

事件概率的边际效应由上式的偏导数来估测，即

$$\frac{\partial \text{Prob}(y=j)}{\partial x_k} = \left[\lambda\left(\tau_j - \sum_{k=1}^{K}\beta_k x_k\right) - \lambda\left(\tau_{j-1} - \sum_{k=1}^{K}\beta_k x_k\right)\right] \cdot \beta_k$$

由于边际效应取决于所有变量的水平，又由于概率总值等于 1，则所有边际效应总和等于零。对于哑变量，其边际效应由哑变量从 0 到 1 的离散变动程度来决定（Liao，1994；Greene，2000）。

在解释农户的融资决策时，重要的潜在变量是农户担保能力或被贷款人监控方面的变量，因此，对模型进行估计时，估计方程将同时考虑借款人的担保能力和贷款人的监控行为。OLM 的割点将区分借款农户类型（基于其担保品提供的能力）和贷款人类型（基于其实施监督的能力）。

6.2.2 变量及数据说明

估计方程所使用的 328 个数据，来源于课题组前期所从事的相关研究的抽样调查数据①。农户的实际借款状况有 6 种类型：没有借款、亲友借贷、关联贷款、通过银背贷款、储金会贷款、信用社或商业银行贷款（在下面的估计模型中，将亲友借贷、关联贷款、通过银背贷款、储金会贷款 4 个类型，作为一种非正规借款类型）。根据 OLM 的要求，将 30 个混合借贷类型，按照贷款人所提供的贷款规模最大原则，分为相互独立的 5 个类型，参见表 6-2。

表 6-2 计量模型所使用的农户借款类型

借款类型	观察值分类	相互独立的分类
没有借款	121	121
亲友借贷	67	70
关联贷款	44	49
通过银背贷款	20	27
储金会贷款	21	29
信用社或商业银行贷款	25	32
混合借贷	30	—

实证部分着重分析影响农户获取某类贷款的关键性因素。除了担保品或监控状况变量，农户自身特征、借贷成本、社区经济社会特征等因素，也将影响农户的借款渠道选择，因此，解释变量包括如下几项。

户主年龄：年龄测度其所处生命周期的某一阶段，该变量的参数符号是不确定的，这取决于需求和供给的力量。一般认为年龄决定风险态度，因为年轻的借款农户比年老者更易容忍风险。然而从贷款人观点看，这一效应是正向的，因为年老者比年轻者更有实践且有更多资产，从而对其信誉产生影响。

户主教育程度：教育用借款人在校学习的年限来衡量，教育代表了借款人创造机会的范围和应对正规贷款评价程序的能力，其对正规借款人的符号期望为正，因为具有较高教育水平的户主在理解正规贷款申请程序上，具有比较优势；而低教育水平的户主期望成为非借款人或非正规借款人，因而其边际效应的符号期望为负。

家庭经营性收入：家庭经营性收入变量是家庭种植或养殖收入年平均值表示的连续变量。家庭经营性收入越高，则借款农户维持投资所需的流动性就越大，

---

① 2010~2011 年寒假，课题组在重庆市选择了北碚、渝北、九龙坡、巴南、沙坪坝、江津、永川、万州、璧山和荣昌 10 个区或县。排除每个区或县最富裕和最贫困的乡（镇），在剩余的乡（镇）中随机抽取一个交通位置相对便利的乡（镇）；然后，在所抽取的乡（镇）中，随机抽取 50 家农户，这样抽取 10 个乡（镇），总计 500 家被调查农户（500 份问卷调查），对回收的问卷进行甄别等处理，实际得到有效问卷 328 份。

相应地，高经营收入也被贷款人作为农户偿还能力的信号，所以该变量对所有贷款人影响期望为正。

前期借款经历：如果 5 年内农户借过款，这一哑变量取值为 1，否则为 0。一般而言，对于那些已经建立个人信用和了解贷款人所建立的贷款技术的借款人而言，其获得贷款的成本及困难程度要少得多，因此，其影响符号期望为正。

实物与金融资产值：该变量可测度借款农户的担保能力，贷款人用担保作为分离借款人风险类型的甄别工具，更是借款人承诺偿还贷款的抵押，以及监督的有效替代。因此，其对正规借款期望符号为正，而对非正规借款影响不确定。

农户被走访状况：该变量近似反映借款农户获得贷款后，其被监督的状况及程度。在调查中发现，农村信用社（或银行）发放贷款后，如果信贷员同借款农户相距较近或在放贷以前就熟悉，则信贷员也偶尔走访一下借款农户，来了解农户的家庭经营状况；如果是关联贷款或银背贷款等，则贷款人有时会到借款农户家中或两者在集市见面或通过借款农户的邻居来了解借款农户的家庭经营状况，以及家庭是否发生可能影响贷款偿还的重大事件。因此，如果借款农户被走访，或同贷款人有亲缘关系，则该哑变量取值为 1，否则为 0。该哑变量对非正规借款影响期望为正，而对正规借款影响不确定。

社会关系资本水平：在这里，就是户主成为一正规或非正规组织（本章调查的组织主要是农村经济合作组织）的成员关系，这种成员关系代表借款农户的社会关系，并可能显示其履行义务的信号。它是一连续变量，取值为借款农户所属组织的成员数目，其对正规借款影响期望为正，而对非正规借款影响不确定。

距离乡镇中心的里程：该变量测度借款农户到达乡（镇）中心所在地所花费的成本及时间。如果距离乡（镇）中心所在地的里程较远，则借款农户向农村信用社（或银行）申请贷款时，其所付出的机会成本就较高，相应地，农村信用社（或银行）对借款农户的甄别、监督的成本亦相当高，从而借款农户获得正规金融机构贷款的概率就下降，转而更可能求助于本社区的非正规金融部门的贷款。相反，则获得正规金融机构贷款的概率就增加，从而可能减少对非正规贷款的依赖。

人口规模：该变量测度了借款农户所在地方的发展水平，小城镇意味着本地区正规金融机构较少，从而导致农户的贷款更为昂贵；同时，小城镇的居民通常容易被本地货币放贷者甄别与监督，而正规贷款人位于较大城市，能实现规模经济来弥补其较高的固定成本。因此，该变量对正规借款影响期望为正，而对非正规借款影响相反。

非农产业劳动力比例：该变量可测度本地经济多元化及活跃程度，且与现金流量存在着较强的正相关性，从而该变量值越大，越有利于本地金融中介发展，因此，它对所有贷款人影响方向均期望为正。

6.3 估计结果及分析

6.3.1 多项式 Logit 模型估计

在多项式 Logit 模型估计中,由于农户借款类型包括没有借款($j=0$)、只有非正规借款($j=1$)、只有正规借款($j=2$)和混合借款($j=3$),且多项式 Logit 模型是以某一个选择项为参考,分别估计各变量对其他各选择项的影响,故以没有借款($j=0$)为参照选项进行估计,这样因变量就包括 $Ln(P_{IF}/P_{None})$、$Ln(P_{FF}/P_{None})$、$Ln(P_{混合}/P_{None})$ 三个类型。自变量包括户主年龄、户主教育程度、家庭经营性收入、前期借款经历、实物与金融资产值、农户被走访状况、社会关系资本水平、距离乡镇中心的里程、人口规模和非农产业劳动力比例,共计 10 个变量。估计结果如表 6-3 所示。

表 6-3 多项式 Logit 模型的估计结果

变量	$Ln(P_{IF}/P_{None})$ 系数	$Ln(P_{FF}/P_{None})$ 系数	$Ln(P_{混合}/P_{None})$ 系数
常数项	0.7869 (1.12)	−0.4794 (0.89)	0.1225 (1.19)
年龄	0.7869 (1.12)	−0.4294 (0.89)	0.2125 (1.19)
教育程度	0.0278 (0.42)	0.0032 (−0.59)	0.0006 (0.04)
家庭经营性收入	0.1781 (0.92)	−0.0977 (1.12)	0.0058 (0.89)
前期借款经历	0.2894** (2.13)	0.1315** (−2.19)	0.0493** (2.01)
实物与金融资产值	0.0945** (2.41)	0.2951*** (−2.78)	0.0581** (2.21)
农户被走访状况	1.0946*** (2.67)	−0.1219 (1.13)	0.0217* (1.58)
社会关系资本水平	−0.0956** (2.12)	0.1043** (−2.34)	0.0332 (1.06)
距离乡镇中心的里程	0.4218 (0.85)	−0.0513 (−1.05)	0.323 (1.15)
人口规模	0.4516 (1.42)	−0.0128 (0.87)	0.0141** (2.36)
非农产业劳动力比例	0.5419 (1.04)	0.0128 (0.92)	0.0136 (1.56)

Log likelihood=−186.27;Likelihood Ratio Test $\chi^2(10)$ =39.54;观察值=328

***、**、*为 1%、5%、10%的显著水平

注:括号中为 Z 统计值;SE 为标准误差

从表 6-3 的计量结果可以看出，对因变量产生显著影响的自变量包括前期借款经历、实物与金融资产值、农户被走访状况、社会关系资本水平和人口规模。同非借款农户相比，实物与金融资产值变量对非正规借款渠道、正规借款渠道和混合借款渠道均具有显著正向作用。对正规借款渠道而言，该变量系数在 1%显著水平下通过检验，这印证了担保能力高的借款农户，就越容易获取正规金融机构的贷款，因为在农贷市场上，农村正规金融机构无法（或高成本）获取有关借款农户偿还意愿及能力的信息时，通常坚持向借款农户发放担保（抵押）贷款；虽然非正规金融部门主要不依靠担保性资产来甄别或监督借款农户，但如果借款农户的担保性资产过低［如 $C \leq \underline{C}(\overline{m})$］，非正规金融部门可能拒绝向这类农户放贷，因此，担保资产较高的借款农户，也越容易获得非正规金融部门的贷款；相应地，该变量对混合借款途径亦产生显著正向作用。

变量农户被走访状况，在非正规借款类型的估计方程中，显著地（1%显著水平）产生正向作用，这与理论预测相一致，即非正规贷款人发放贷款时，主要凭借亲缘、业缘和地缘等关系来甄别或监督借款农户，进而对担保贷款形成一种有效替代；而在正规借款类型的估计方程中，该变量系数不显著，因为正规金融机构向农户发放的主要是担保贷款，从而它们更看重借款农户的担保性资产价值的多少。该变量在混合借款类型的估计方程中，仅在 10%显著水平下具有正向作用，这是由于农户借款的一部分来源于正规金融机构，因而该变量对整个样本估计起到一种弱化作用。

相对于非借款农户，自变量前期借款经历对三种借款途径（非正规借款、正规借款和混合借款）均具有显著正向的影响，这说明无论是正规贷款人，还是非正规贷款人，他们在发放贷款时，均看重借款农户的个人信用；同时，与非正规借款农户相比，具有借款经历的农户对贷款人所运用的贷款技术、规则等已有较全面的了解，因此获得贷款的成本与困难度相对较低，进而有助于获取贷款。社会关系资本水平变量在 $Ln(P_{IF} / P_{None})$ 和 $Ln(P_{FF} / P_{None})$ 估计方程中显著，相对于非借款农户，该变量对非正规借款渠道产生显著负向作用，而对正规借款类型产生显著正向影响，这是因为借款农户所在的组织，可以显示借款农户履行其合约意愿及能力的信息，因此容易获取正规金融机构贷款，而非正规金融部门并不看重借款人所具有的组织成员关系。

人口规模变量在混合借款类型的估计方程中，显著地为正，这是因为，人口规模较大的地区，农户不仅可以获得非正规借款，还有可能接受本地正规金融机构所提供的信贷服务；但是在单独的非正规、正规借款类型的估计方程中，虽然该变量系数符号同理论预期一致，但并没有通过检验。

6.3.2 OLM 估计

运用 OLM 来检验不同类型借款农户从不同类型贷款人那里获得贷款概率的影响因素，作为因变量的农户借款类型是三个有序分类的变量，即 None 类型、IF 类型和 FF 类型。自变量包括户主年龄、户主教育程度、家庭经营性收入、前期借款经历、实物与金融资产值、农户被走访状况、社会关系资本水平、距离乡镇中心的里程、人口规模和非农产业劳动力比例，共计 10 个变量。估计方程中包括 328 个观察值，且分为相互排斥的 3 个类型：121 个非借款类型（None 类型）、175 个非正规借款类型（IF 类型）和 32 个正规借款类型（FF 类型）。模型估计结果如表 6-4 所示。

表 6-4 对所有观察值的 OLM 估计结果

变量	系数	None 类型边际效应	IF 类型边际效应	FF 类型边际效应
户主年龄	0.169 1 （0.56）	0.003 1 （0.39）	0.000 5 （0.30）	−0.001 4 （0.16）
户主教育程度	−0.007 9 （−0.23）	0.001 7 （0.22）	−0.000 3 （0.19）	−0.000 5 （−0.29）
家庭经营性收入	0.068 7 （0.65）	−0.010 1 （0.74）	0.000 6 （0.28）	0.009 5 （0.76）
前期借款经历	0.571 6** （2.41）	−0.125 4 （−0.11）	0.084 1** （2.18）	0.051 4** （2.27）
实物与金融资产值	1.487 4** （2.33）	−0.078 2** （−2.05）	0.050 2 （1.18）	0.053 9*** （2.79）
农户被走访状况	1.094 6** （2.32）	0.019 5 （0.86）	0.121 9** （2.13）	0.021 7 （1.07）
社会关系资本水平	1.214 3 （1.19）	−0.067 2 （0.42）	0.017 4 （0.36）	0.021 5 （0.56）
距离乡镇中心的里程	0.572 9 （0.81）	0.009 6 （0.48）	0.024 6 （0.73）	−0.015 4 （−0.52）
人口规模	0.001 6 （0.25）	−0.000 9 （−0.78）	0.000 6 （0.49）	4.92×10^{-5} （0.44）
非农产业劳动力比例	0.298 6** （2.04）	−0.031 6** （−2.19）	0.024 1* （1.76）	0.015 4 （1.26）
割点 1：−0.198 7（SE=0.471 2）			似然对数值=−206.86	
割点 2：3.146 3（SE=0.601 8）			似然比 $\chi^2(10)$ =35.84	
观察值=328				

***、**、*为 1%、5%、10%的显著水平

注：括号中为 Z 统计值；SE 为标准误差

从估计结果可以看出，实物与金融资产值、农户被走访状况两个变量相当重要。作为潜在担保资产的实物与金融资产值显示其重要性，即如果没有合适的贷款抵押品情形下，实物或金融资产可作为借款农户财富及家庭稳定经营的

信号；实物与金融资产值每增加 1 个百分点，借款农户成为非借款人（不借款，或不能获取贷款）的概率要下降 7.8%，相应地，其成为正规借款人（获取正规金融机构贷款）的概率要增加 5.4%，因此，同非借款类型相比，在借款农户获取正规金融机构贷款的机会上，潜在的担保资产对此所产生的影响高达 13.2%［5.4%－（－7.8%）］。如果保持其他变量不变，同不被走访的农户相比，被走访的农户获得非正规金融部门贷款的概率将增加近 12.2%；与此同时，对于借款农户获得正规金融机构贷款的概率而言，该变量虽然具有正向作用，但在统计上不显著，这在某种程度上印证了理论预测：正规金融机构发放贷款时，更倾向于运用诸如担保贷款的标准化贷款技术；而非正规贷款人更倾向于运用诸如监督贷款的非标准贷款技术。

正如预期一样，前期借款经历变量对两类借款农户均产生显著的正向作用，有借款经历的农户同没有借款经历的农户相比，其获得非正规贷款、正规贷款的概率分别要高出 8.4%和 5.1%。这进一步证明那些已经建立个人信用和了解贷款人所运用的贷款技术的借款人，其获得贷款的成本及困难程度要少得多。在估计方程中，非农产业劳动力比例每增加 1 个百分点，则借款农户成为非借款人（不借款，或不能获取贷款）的概率要下降 3.2%；在解释借款农户获得非正规贷款的可能性时，该变量产生显著正向作用；而在解释借款农户获得正规贷款的机会时，虽然具有正向作用，但不显著。这是因为非农产业劳动力比例的增加，就意味着该农村地区的非农产业较发达，但这些非农产业主要是以小企业方式生产，因此，难以达到正规金融机构所规定的贷款要求，从而更多的融资求助于非正规金融渠道。

6.4　结论与启示

本章首先基于信贷市场上的道德风险理论模型，来分析农户融资结构及决定因素，理论模型推测：与担保资产或监督强度（担保替代）有关的一些因素，将影响借款农户获取某类贷款的概率，即担保能力越高的借款农户，其获取正规金融机构担保贷款的概率就越大，而担保能力越低且易被贷款人监督的借款农户，其获得非正规金融部门监督贷款（担保替代贷款）的概率就越大。

接下来运用多元选择的经济计量模型，对重庆市农户调查数据进行实证分析，计量结果显示出与理论预测的一致性，即作为潜在担保品的实物与金融资产值和作为监督策略的农户被走访状况影响农户获得贷款的机会，同时又是决定贷款人是否放贷的因素。因此，农户所能提供的贷款担保品量（或农户被监督的程度），决定了其借款来源结构的组合形式；担保品充足的农户容易申请到正规金融机构的担保贷款，而随着农户担保品的减少且容易被贷款人监督时，其可能更倾向于非正规金融部门的（监督）贷款，或者是正规金融机构与非正规金融部门的混合贷款。

  基于以上的研究结论，可以得出以下几点启示：一是农村金融机构应利用各种技术与方法获取信息，降低信息不对称程度；由于贷款技术类型差异的背后原因是信息及由此产生的交易成本，因而，若获取的信息比较充分，则不仅可以保证贷款人能设计出适合于借款人需求的信贷合约，还能够降低信贷交易成本。二是正规农村金融机构应积极创新贷款技术，在农村信贷市场上，存在着数量众多、信誉差异极大的借款农户，以财务报表、资产或收入证明等为分析基础的现代贷款技术，可能不适用于许多农户，因此，针对这些低端客户的信贷供给，需要对这种现代贷款技术进行创新。三是探索构建农村资产可抵押（担保）市场，未来农村信贷产品创新的一个重要方向就是农村抵押（担保）贷款，因此，地方政府可采取措施，如建立农村资产的抵押（担保）价值认定和登记评估制度等，激活农村土地、住房、林权等资产背后隐藏的经济潜能，改变这些资产不可抵押（担保）的现状，并以此建立农村资产可抵押（担保）市场。

第7章　信贷合约履约执行的影响因素研究

——基于农户联保贷款偿还率的实证研究

最早起源于孟加拉国的农户联保贷款（团体贷款），其主要目的是为那些有融资需求，但因为没有足够的实物担保而无法从正规金融机构获得贷款的农户提供信贷支持，以帮助他们进行生产、发展经济。从其实际运行效果来看，孟加拉国的联保贷款（团体贷款）取得了骄人的发展与绩效，仅从信贷合约履行结果看，联保贷款（团体贷款）取得了很高的偿还率[1]。自20世纪90年代开始，这种联保贷款（团体贷款）被引入中国，并在广大的农村经济领域进行推广，然而，其实际运行效果（仅从合约履行效率——贷款偿还率角度看），在各个地区存在较大的差异：部分地区的偿还率相当高，另外一些地区的偿还率比较低，甚至部分地区的联保贷款组织由于很低的贷款偿还率已经濒临关闭。因此，针对我国部分地区联保贷款（团体贷款）所运行的效果，本章通过实证分析，来探析哪些因素影响着农户联保贷款（团体贷款）合约履行的效率。本章内容安排如下：7.1节阐述联保贷款合约履行的基本原理；7.2节、7.3节借助于博弈论分析工具，具体分析联保贷款的履约机制及影响因素；7.4节是实证检验内容，运用抽样调查数据实证分析农户联保贷款合约履行效率的影响因素；7.5节为本章研究的结论与启示。

---

[1] 孟加拉国的格莱珉银行创始人尤努斯教授，在北京大学演讲时指出：孟加拉国乡村银行的联保贷款（团体贷款）偿还率高达98%。

7.1 联保贷款合约履行的基本原理

7.1.1 横向选择机制

在不完善的农村信贷市场，存在着贷款者与借款者之间的信息不对称。贷款机构在进行信贷审批时，常常面临着难以准确识别借款人特征及其所要实施项目的风险类型的问题。由于不能准确区分不同贷款项目的风险类型，逆向选择问题便随之产生。再加上，我国农村经济主体普遍存在着信用记录缺失、可抵押资产不足等问题，这使得正规金融机构常用的传统风险控制技术难以有效地防范借款者的逆向选择风险。在这种情况下，贷款机构不得不实行联保贷款技术，潜在借款者自愿组成联保小组，彼此之间承担连带责任。为避免由于联保小组内的其他借款人拖欠贷款而给自己带来的损失，贷款申请人有激励去鉴别其他潜在借款人的项目风险，从中选择适合的潜在借款人与自己组成联保小组。已有研究证明，如果借款者可以自愿组建联保小组，在特定条件下，不同风险类型的借款者之间会形成正向的分类配对效应，形成同质化小组。正向的分类配对效应是整个横向选择机制的核心。当贷款机构提供一组联保贷款合约供不同的潜在借款者选择时，潜在借款者基于自身利益最大化的合约选择行为会揭示其所在同质化小组的风险类型。针对不同类型的联保小组，制定不同的贷款合约，可以有效防范借款人的逆向选择风险。

7.1.2 横向监督机制

同样，由于信息的不对称，当贷款发放之后，贷款机构将面临借款人的道德风险。这里，借款人的道德风险主要包括四个方面：第一，借款人在获得贷款资金之后，能否审慎地使用资金，不去选择那些高风险、高收益的投资项目。第二，在开展项目的过程中，借款人努力程度的选择问题。第三，项目结束之后，由于贷款机构面临着信息不对称，因此很难确定项目的真实收益情况。第四，即便项目很成功，借款人也可能出现赖账行为。当采用个人责任贷款技术时，若是缺少抵押品，就很难对借款者的行为实施监管，因此不能防范上述一系列的问题。而联保贷款技术所引致的横向监督机制可以很好地解决上述道德风险问题。由于相互之间承担连带责任，借款人对高风险项目的偏好会降低小组内其他成员的预期收益，因此小组内其他成员有激励去对借款人的资金使用情况进行监管。同样，由于借款人对项目收益的瞒报或是有意赖账行为也会降低负有连带责任的其他小组成员的预期收益,因此其他小组成员也必将会对借款人的这些行为进行监督。此外,由于联保小组成员常常是同一地区的熟人,这种普通贷款机构所不具备的地缘和亲缘优势将会减少成员之间的信息不对称性,使得彼此之间的监督变得有效,从而有效防范道德风险的发生。

7.1.3 动态激励机制

理论研究表明,联保贷款采用的次序贷款和再次贷款技术会对借款者产生动态激励作用。次序贷款要求小组成员的贷款不是同时发放的,而是"次序"发放的,即某些成员先获得贷款,待其成功还款后再给其他成员发放贷款。这种贷款发放方式加强了小组成员之间的利益相关性。潜在借款者若想获得贷款,就必须确保其所在小组其他成员按时还款。因此,潜在借款者在组建联保小组之时,必将会对小组成员进行筛选,这种"筛选"行为会产生正的分类配对效应,形成同质化小组,这有利于贷款机构准确识别借款者特征,从而避免逆向选择风险。此外,潜在借款者为了获得贷款,也必将会协助贷款机构监督已获得贷款的小组成员的还款行为,从而有利于防范道德风险。与次序贷款不同,再次贷款只针对同一借款人,它要求同一借款人只有当其前次贷款得到偿还之后,才能有机会获得下次贷款,并且贷款金额比上次大,呈现出累进贷款的特征。再次贷款技术可以使借款者本人获得按时还款的"好处",即数额更大的再贷款,这有利于借款者自愿履行还款义务,防止道德风险的发生。

7.1.4 担保替代机制

联保贷款不要求借款者提供足够的实物担保,正是因为联保贷款具备完善的担保替代机制。除了前面介绍的连带责任技术、次序贷款和再次贷款技术之外,联保贷款还通过采用分期偿付和强制储蓄的方法对没有足够实物担保的借款者进行风险控制。分期偿付要求借款者自贷款发放之日起,定期偿还一定数额的贷款。这不仅有利于借款者理财意识、信用意识的培养,而且由于定期还款压力的存在,借款者常常需要引入其他非正规借款人帮助其还款,而非正规借款人的引入又会对借款者的道德风险起到监督作用。强制储蓄要求联保小组各成员定期缴纳一定的金额作为小组基金,小组基金可以用来偿还贷款,从而起到担保替代的作用。

通过以上对联保贷款相关理论的回顾,可以发现联保贷款作为一种创新型信贷模式,其独特的风险控制技术决定了其不同于传统信贷模式的独特的作用机理。显然,仅从传统信贷理论出发,研究联保贷款偿还率的影响因素是不合适的。因此,本章以下部分将从非正规金融理论出发，并且基于联保贷款独特的作用机理，通过对农户联保贷款各主体之间博弈行为的研究，试图找出农户联保贷款这种信贷模式发挥作用的前提条件，也就是说，究竟是哪些因素在满足什么样的条件下可以使农户联保贷款所采用的风险控制技术发挥作用，从而提高其贷款偿还率。

7.2 联保贷款合约履行的作用过程

7.2.1 同质性联保小组的形成过程

根据潜在借款农户违约风险的大小（主要受自身努力程度、项目风险等影响），我们将贷款机构面临的潜在借款农户分成两种：高风险型农户和低风险型农户。两者都可以向贷款机构申请贷款，从事生产性项目以获取经济收益。并且我们假定，高风险型农户从事项目的成功率为 P_1，成功之后所能获得的收益为 R_1；低风险型农户从事项目的成功率为 P_2，成功之后所能获得的收益为 R_2。根据风险与收益对称的原则，有 $P_1 < P_2$、$R_1 > R_2$，为了分析方便，我们令 $\overline{R} = P_1 R_1 = P_2 R_2$。无论是高风险型农户还是低风险型农户，如果其从事的项目成功，则借款农户一定偿还贷款，也就是说不存在农户的刻意赖账行为。此外，如果农户不发生借款行为，那么他可以从其他渠道获得稳定的收益 Z，即农户借款的机会成本为 Z。贷款机构基于可持续经营的考虑，一定会向农户收取适当的贷款利息 $A \cdot i$，其中，i 为贷款利率，A 为贷款金额。由于贷款机构和农户之间存在着信息不对称，贷款机构不可能准确识别借款农户的风险类型，故不能针对不同风险类型的借款农户实行差别化的贷款利率。于是，高风险型农户的期望收益为 $P_1 R_1 - P_1 \cdot A \cdot i$，低风险型农户的期望收益为 $P_2 R_2 - P_2 \cdot A \cdot i$，由于 $\overline{R} = P_1 R_1 = P_2 R_2$ 和 $P_1 < P_2$，因此，$P_1 R_1 - P_1 \cdot A \cdot i > P_2 R_2 - P_2 \cdot A \cdot i$，即高风险型农户的期望收益高于低风险型农户的期望收益。这将使得高风险型农户更加愿意贷款，低风险型农户由于缺少激励而选择其他资金来源。特别地，当 $P_2 R_2 - P_2 \cdot A \cdot i < Z$ 时，低风险型农户的预期收益甚至小于其不贷款时所取得的收益，于是低风险型农户将选择不再贷款。这种借款农户的"逆向选择"，将导致信贷市场成为"次品市场"，从而使贷款机构面临极大的风险。

农户联保贷款通过利用农户相对于贷款机构的信息优势，以及农户之间的自由选择，可以使贷款机构有效地防范逆向选择风险。根据前面博弈分析的基本假定，一个联保小组之内只含有两个农户，若设农户之间的连带责任为 L，则联保小组的类型可以分为以下几种。

（1）高风险型农户与低风险型农户组成的联保小组，此时，高风险型农户的预期收益为 $P_1R_1 - P_1[A \cdot i + (1-P_2) \cdot L]$，低风险型农户的预期收益为 $P_2R_2 - P_2[A \cdot i + (1-P_1) \cdot L]$。

（2）两个高风险型农户组成的联保小组，此时，高风险型农户的预期收益为 $P_1R_1 - P_1[A \cdot i + (1-P_1) \cdot L]$。

（3）两个低风险型农户组成的联保小组，此时，低风险型农户的预期收益为 $P_2R_2 - P_2[A \cdot i + (1-P_2) \cdot L]$。

通过分析，我们可以得出，相比于后两种情况，当高风险型农户与低风险型农户组成联保小组时，高风险型农户的预期收益将增加 $P_1P_2L - P_1^2L$，低风险型农户的预期收益将减少 $P_2^2L - P_1P_2L$，但是由于 $P_1P_2L - P_1^2L < P_2^2L - P_1P_2L$，即高风险型农户预期收益的增加额不足以弥补低风险型农户预期收益的减少额，低风险型农户不愿意选择和高风险型农户组建联保小组，也就是说，联保小组只能是后两种类型，即同质性联保小组。

更重要的是，当农户之间形成同质性联保小组之后，贷款机构可以针对不同类型的联保小组设计不同的信贷合约，借款农户基于自身利益的考虑会选择适合自己的信贷合约，而农户的这种选择行为，也同样有利于提高贷款机构的预期收益。也就是说，同质性联保小组可以使贷款机构防范借款农户的逆向选择风险，防止"次品市场"的产生。例如，贷款机构可以提供下面两种信贷合约：①合约1具有高利率 i，但具有低连带责任 L。②合约2具有低利率 i，但具有高连带责任 L。

低风险型联保小组成员，基于自身利益的考虑，会选择合约2。因为低风险型联保小组成员的项目成功率较高，因而成员的违约概率较低，也即连带责任 L 被执行的概率较低，因此低风险型联保小组成员选择合约2更加有利。同时，由于低风险型联保小组成员的贷款偿还率较高，故这种合约选择行为同样有利于贷款机构。

高风险型联保小组成员，基于自身利益的考虑，会选择合约1。因为高风险型联保小组成员的项目成功率较低，因而成员的违约概率较高，也即连带责任 L 被执行的概率较高，尽管合约1具有较高的利率，但对于农户来说，较大概率地承担其他多人的违约责任更加不可接受，并且由于贷款的逾期和相关费用的存在，连带责任 L 常常高于贷款利息，因此，高风险型联保小组成员选择合约1更为有利。同时，由于合约1的贷款利率 i 较高，故这种合约选择行为同样有利于贷款机构。

7.2.2 借款农户、担保农户与贷款机构之间的动态博弈

1. 一次性博弈

当农户向贷款机构发出贷款申请之后,各方之间的博弈便已开始。首先,在博弈的第一个阶段,贷款机构要决定是否向申请者发放联保贷款。如果贷款机构不愿意向农户发放联保贷款,各方所获得的支付均为 0。如果贷款机构愿意向农户发放联保贷款,此时借款农户需要选择是否对贷款进行偿还,博弈进入第二阶段。

在第二个阶段,如果借款农户按时偿还贷款,那么贷款机构获得的支付为 $A \cdot i$,借款农户获得的支付为 $\overline{R} - A \cdot (1+i)$,担保农户获得的支付为 0。如果借款农户不能按时偿还贷款,那么负有连带责任的担保农户将决定是否履行担保义务,博弈进入第三个阶段。

在第三个阶段,如果负有连带责任的担保农户履行担保义务,替违约农户偿还贷款,那么贷款机构获得的支付为 $A \cdot i$,借款农户获得的支付为 $\overline{R} - M$,担保农户获得的支付为 $M - A \cdot (1+i)$,其中 M 为农户的社会资本,包括邻里关系、社会声望、道德赞扬等。如果担保农户不愿履行担保义务,违约农户的借款将不能得到偿还,此时,贷款机构获得的支付为 0,借款农户获得的支付为 $\overline{R} - M$,担保农户获得的支付为 0。

如果将各主体的支付组合用一个三维向量 (X, Y, Z) 表示,其中第一个数字 X 表示贷款机构获得的支付,第二个数字 Y 表示借款农户获得的支付,第三个数字 Z 表示担保农户获得的支付,那么上述博弈过程的博弈树如图 7-1 所示。

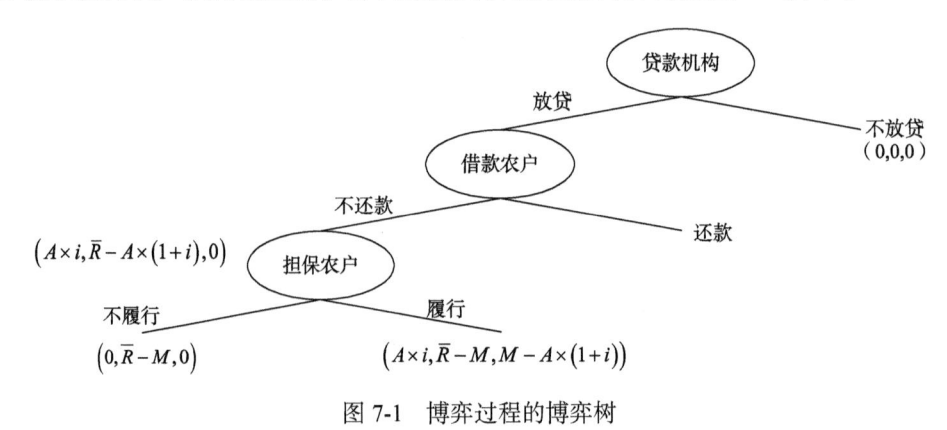

图 7-1 博弈过程的博弈树

根据上述博弈过程,我们来研究各博弈主体的策略选择。当贷款机构向农户发放贷款之后,农户面临{还款,不还款}的策略集。当农户选择"还款"策略

时，其对应的支付为 $\bar{R} - A \cdot (1+i)$；当农户选择"不还款"策略时，其对应的支付为 $\bar{R} - M$。对比农户在这两种情况下所获得的支付，可以发现，社会成本 M 的大小决定着农户违约后的收益（M 越大，收益越小），因此社会成本 M 是影响农户还款决策的重要因素。而在现实生活中，由于我国道德建设和农村信用体系的不健全，社会成本 M 常常小于 $A \cdot (1+i)$，因此借款农户基于自身利益出发，必然会选择"不还款"策略。此时，担保农户将面临{代其偿还，不代其偿还}的策略集。当担保农户选择"代其偿还"策略时，其对应的支付为 $M - A \cdot (1+i)$；当担保农户选择"不代其偿还"策略时，其对应的支付为 0。对比担保农户在这两种情况下所获得的支付，可以发现，同样是社会资本 M 决定着担保农户"代其偿还"后的收益，从而影响着担保农户的策略选择。而正如前文所说，我国农村的现实状况，使得社会成本 M 小于 $A \cdot (1+i)$，从而使得担保农户"代其还款"之后所获得的支付小于 0，因此担保农户基于自身利益出发，必然会选择"不代其偿还"策略。这样，贷款机构发放的贷款得不到偿还，面临巨大的经营风险。追求理性的贷款机构不得不在博弈的第一个阶段选择"不发放贷款"策略，此时，博弈终止，各主体的支付组合为（0，0，0）。显然，这种一次性博弈并不是最佳博弈，因为如果各方能够相互合作，无论是借款农户、担保农户还是贷款机构都能获得更好的支付。

2. 无限次重复博弈

假定贷款机构采取这样一种战略：如果借款农户能够按时偿还贷款，那么以后贷款机构会为其再贷款提供便利。但是，一旦借款农户出现违约行为，其将永远不能再从贷款机构那里获得贷款。在这种情况下，借款农户在进行策略选择时，不仅要考虑其当期收益，还要考虑其长远收益（未来贷款收益的现值），其获得的总支付=当期收益+长远收益。

在任何一次博弈中，如果借款农户选择"不还款"策略，那么其当期收益为 $\bar{R} - M$，长远收益为 0，总支付为 $\bar{R} - M$。如果借款农户选择"还款"策略，并且我们假定，当借款农户还款之后，贷款机构会向其再贷款的概率为 P，折现率为 e，那么其"还款"策略对应的当期收益为 $\bar{R} - A \cdot (1+i)$，长期收益为 $\{P[\bar{R} - A \cdot (1+i)]\}/(1+e) + \{P^2[\bar{R} - A \cdot (1+i)]\}/(1+e)^2 + \cdots + \{P^n[\bar{R} - A \cdot (1+i)]\}/(1+e)^n$，总支付为 $\{(1+e)[\bar{R} - A \cdot (1+i)]\}/(1+e-P)\{1 - [(P)/(1+e)]^{n+1}\}$。

如果博弈能够重复进行无限次，即 n 趋近于无穷大，那么农户选择"还款"策略所获得的总支付为 $\{(1+e)[\bar{R} - A \cdot (1+i)]\}/(1+e-P)$。

当 $\{(1+e)[\overline{R}-A\cdot(1+i)]\}/(1+e-P) > \overline{R}-M$，也即 $P > (1+e)\{[A\cdot(1+i)-M]/(\overline{R}-M)\}$，$\{\{P[\overline{R}-A\cdot(1+i)]\}/(1+e)\}+\{\{P^2[\overline{R}-A\cdot(1+i)]\}/(1+e)^2\}+\cdots+\{\{P^n[\overline{R}-A\cdot(1+i)]\}/(1+e)^n\} > A\cdot(1+i)-M$ 时，追求理性的借款农户必然会选择"还款"策略，贷款机构也因此愿意发放贷款，"合作"成为双方的最优策略。

由于博弈的次数是无限的，故在任何一次博弈中，农户选择"还款"所获得的长期收益均为 $\{\{P[\overline{R}-A\cdot(1+i)]\}/(1+e)\}+\{\{P^2[\overline{R}-A\cdot(1+i)]\}/(1+e)^2\}+\cdots+\{\{P^n[\overline{R}-A\cdot(1+i)]\}/(1+e)^n\}$，该值的大小显然与"农户是第几次还款"无关，并且只要贷款机构再贷款概率 P 足够大，农户长期收益将始终大于 $A\cdot(1+i)-M$，农户因此也始终愿意还款。然而，在现实生活中，农户的借贷需求并不是无限次的，如随着年龄的增长，农户的借贷行为会减少，最终当农户由于身体原因放弃劳动时，其借贷行为将停止。也就是说，在现实生活中，农户与贷款机构之间将无法实现无限次重复博弈，两者之间的博弈次数是有限的。

3. 有限次重复博弈

在现实生活中，农户与贷款机构之间的博弈次数是有限的，这就导致了在某一次博弈中，农户选择"还款"之后所获得的长期收益与"该博弈是第几次"有关，并且随着博弈次数的增加，农户选择"还款"所获得的长期收益将逐渐减少，直到 $\{\{P[\overline{R}-A\cdot(1+i)]\}/(1+e)\}+\{\{P^2[\overline{R}-A\cdot(1+i)]\}/(1+e)^2\}+\cdots+\{\{P^n[\overline{R}-A\cdot(1+i)]\}/(1+e)^n\} < A\cdot(1+i)-M$，农户选择"还款"所获得的支付低于选择"不还款"所得的支付，此时，追求理性的农户将不愿再偿还贷款，也就是说，农户总有在最后一次借贷行为中选择"不还款"的冲动。银行预期到这一情况的发生，必然会在双方第一次博弈之时就选择不发放贷款。这种双方之间的不合作，使得双方均获得 0 支付。

为了使博弈双方选择"合作"，进而使得双方获得更好的收益，在此我们设计一种有针对性的贷款担保制度。

假定：农户共有 n 次贷款需求，农户在申请借款时需要提供的担保品的价值为 V（V 值可以为 0）。现在我们来分析农户在第 t 次借款时的策略选择行为。如果农户选择"还款"策略，那么其获得的当期收益为 $\overline{R}-A\cdot(1+i)$，远期收益为 $\{\{P[\overline{R}-A\cdot(1+i)]\}/(1+e)\}+\{\{P^2[\overline{R}-A\cdot(1+i)]\}/(1+e)^2\}+\cdots+$

$\left\{\left\{P^{n-t}\left[\bar{R}-A\cdot(1+i)\right]\right\}\big/(1+e)^{n-t}\right\}$，总支付为 $\left\{\left\{(1+e)\left[\bar{R}-A\cdot(1+i)\right]\right\}\big/(1+e-P)\right\}$ $\left\{1-\left[(P)/(1+e)\right]^{n+1-t}\right\}$；如果农户选择"不还款"策略，那么其获得的当期收益为 $\bar{R}-M-V$，远期收益为 0，总支付为 $\bar{R}-M-V$。

显然，当 $\left\{\left\{(1+e)\left[\bar{R}-A\cdot(1+i)\right]\right\}\big/(1+e-P)\right\}\left\{1-\left[(P)/(1+e)\right]^{n+1-t}\right\}>\bar{R}-M-V$，也即 $V>\bar{R}-M-\left\{\left\{(1+e)\left[\bar{R}-A\cdot(1+i)\right]\right\}\big/(1+e-P)\right\}\left\{1-\left[(P)/(1+e)\right]^{n+1-t}\right\}$ 时，农户愿意偿还贷款。当 t 值较小时，农户选择"还款"所获得的长期收益很大，此时的 $\bar{R}-M-\left\{\left\{(1+e)\left[\bar{R}-A\cdot(1+i)\right]\right\}\big/(1+e-P)\right\}\left\{1-\left[(P)/(1+e)\right]^{n+1-t}\right\}$ 值很小，因此较低的担保品价值 V（甚至可以是 0 价值）就可以使农户愿意偿还贷款。但随着农户借款次数的增加，t 值逐渐增大，农户选择"还款"策略所获得的长期收益逐渐减少，$\bar{R}-M-\left\{\left\{(1+e)\left[\bar{R}-A\cdot(1+i)\right]\right\}\big/(1+e-P)\right\}\left\{1-\left[(P)/(1+e)\right]^{n+1-t}\right\}$ 的值逐渐增大，此时，若使农户愿意偿还贷款，担保品的价值 V 必须足够大，以使得 $V>\bar{R}-M-\left\{\left\{(1+e)\left[\bar{R}-A\cdot(1+i)\right]\right\}\big/(1+e-P)\right\}\left\{1-\left[(P)/(1+e)\right]^{n+1-t}\right\}$。也就是说，如果使农户提供的担保品价值 V 随着其借款次数 t 值的增加而增大，追求理性的借款农户将愿意选择"还款"策略，贷款机构也愿意发放贷款，双方实现双赢局面。

因此，尽管在现实生活中，农户和贷款机构之间的借贷次数是有限的，农户还款的长期收益随着其借款次数的增加而减少，但是我们依然可以设计一种有针对性的担保制度，来使得整个博弈机制变得有效。

通过上述的"借款农户、担保农户与贷款机构之间的动态博弈"分析，我们可以看出：各博弈主体的策略选择行为由其所选策略能给其带来的支付大小决定，因此，接下来可以通过分析农户所得支付大小的影响因素，来分析农户策略选择行为的影响因素。

7.2.3 农户策略选择行为的影响因素

1. 农户面临的社会资本

通过上述博弈分析，我们可以发现，无论是在一次性博弈中，还是在长期多次博弈中，农户在选择"不还款"策略之后，所获得的支付均为 $\bar{R}-M$（项目的预期收益与社会资本 M 之差）。因此，我们可以认为，社会资本 M 对于农户选择"不还款"决策所获得的支付大小有负向影响，即社会资本 M 越大，农户的违约收益越小。并且，根据上述博弈过程，我们还可以发现，无论是在一次性博弈中，还是在长期多次博弈中，农户选择"还款"策略之后，所获得的支付均与社会资本 M 无关。这就是说，社会资本 M 只影响农户的违约收益（负向影响），而不影响其履约收益。因此，我们可以得出结论，社会资本 M 越大，农户越不愿意选择"不还款"策略，相反，越愿意选择"还款"策略。

2. 农户的贷款额度

农户向贷款机构借款，主要是为了满足其两种需求：消费需求和投资需求。当农户借款是为了满足其消费需求时，上述博弈过程中的项目收入 $\bar{R}$ 应该等于农户的贷款额度 A，即 $\bar{R}=A$，此时，如果博弈是一次性的，那么农户选择"不还款"策略所获得的支付为 $A-M$，选择"还款"策略所获得的支付为 $A-A\cdot(1+i)=-A\cdot i$。因为前者 A 的斜率为正值，后者 A 的斜率为负值，所以当贷款额度 A 增大时，农户的违约收益将增加，而履约收益将减少，农户倾向于不偿还贷款。同理，如果博弈是长期多次的，根据两者 A 的斜率大小，同样可以得出结论，贷款额度 A 增大时，农户违约收益将增加，而履约收益将减少，农户倾向于不偿还贷款。

当农户借款是为了满足其投资需求时，上述博弈过程中的项目收入 $\bar{R}$ 应该等于农户的贷款额度 A 加上项目的投资收益 $A\cdot r$，即 $\bar{R}=A+A\cdot r$，其中 r 为项目投资的收益率，此时，如果博弈是一次性的，那么农户选择"不还款"策略所获得的支付为 $A+A\cdot r-M=A\cdot(1+r)-M$，选择"还款"策略所获得的支付为 $A+A\cdot r-A\cdot(1+i)=A\cdot(r-i)$，显然，前者 A 的斜率大于后者，因此，当贷款额度 A 增大时，农户违约收益的增长速度大于履约收益的增长速度，农户倾向于不偿还贷款。同理，如果博弈是长期多次的，根据两者 A 的斜率大小，同样可以得出结论，当贷款额度 A 增大时，农户违约收益的增长速度大于履约收益的增长速度，农户倾向于不偿还贷款。因此，贷款额度 A 越大，农户越不愿意选择"还款"策略。

3. 农户的未来信贷需求次数

根据上述博弈过程，如果农户预计其在未来会有多次信贷需求，那么农户在进行策略选择时，必将会考虑其还款决策给其带来的未来收益的大小。如果其未来收益的现值与当期收益之和大于其违约收益，那么追求理性的农户必将选择"还款"策略。而农户未来收益的大小和农户未来信贷需求的次数有关：农户未来信贷需求的次数越多，其未来收益越大，农户的履约收益就越大，追求理性的农户就越愿意选择"还款"策略；农户未来信贷需求的次数越少，其未来收益越小，农户的履约收益就越小，追求理性的农户就越愿意选择"不还款"策略。因此，我们可以认为，农户未来信贷需求的次数越多，其越愿意选择"还款"策略。

4. 农户的贷款创收能力

当农户具有多次贷款需求时，农户和贷款机构之间将进行重复多次博弈。根据前述博弈过程，贷款机构对于还款农户的再贷款概率 $P > (1+e)\{[A \cdot (1+i) - M]/(\bar{R} - M)\}$。由于 P 小于等于 1，故 $(1+e) \cdot \{[A \cdot (1+i) - M]/(\bar{R} - M)\}$ 必须小于1，分母 $\bar{R} - M$ 必须大于分子 $A \cdot (1+i) - M$，$\bar{R}$ 必须大于 $A \cdot (1+i)$，也即农户的创收能力要足够强，以使项目投资收入高于贷款本息。并且农户创收能力越强，$\bar{R}$ 和 $A \cdot (1+i)$ 之间的差额就越大，$(1+e) \cdot \{[A \cdot (1+i) - M]/(\bar{R} - M)\}$ 的值就越小，贷款机构对农户再贷款概率的安全区间就越广。因此，我们可以认为，农户创收能力越强，其越愿意选择"还款"策略。

根据上述分析，提出如下研究假设：对于农户联保贷款来讲，农户拥有的社会资本、农户未来信贷需求的次数、农户的创收能力对于农户选择"还款"（贷款偿还率）策略产生正向影响；而农户的贷款额度对于农户选择"还款"（贷款偿还率）策略产生负向影响。

7.3 农户联保贷款履行影响因素分析

7.3.1 计量模型说明

1. 二元选择模型

通常的经济计量模型都假设被解释量是连续的，然而在实际的经济决策中常常面临许多选择问题。人们需要在有限多个可供选择的方案中做出选择，这与通常的经济计量模型关于因变量是连续变量的假定相反，此时的因变量只能取有限多个离散的值。以这样的决策结果作为因变量建立起来的经济计量模型，称为离散因变量模型（models with discrete dependent variables）或者离散选择模型（discrete choice model）。

在离散选择模型中，最简单的情况是在两个可供选择的方案中选择其一，此时因变量只能取两个值,称为二元选择模型(binary choice model)。例如,上文所提到的农户策略选择问题。在可供农户选择的策略集中,包含"还款""不还款"两种策略。影响农户策略选择的因素包括上文所提到社会资本、贷款额度、信贷需求次数及农户创收能力等。揭示农户的策略选择结果与影响因素之间的因果关系,并用于预测研究,对于贷款机构合理筛选潜在借款人,从而提高贷款偿还率,显然是十分有益的,这就需要建立以农户的策略选择结果作为因变量的二元选择模型。

对于上述二元选择问题,我们建立如下计量经济学模型:

$$Y = X\beta + \mu \tag{7-1}$$

其中,Y 为观测值为 0 和 1 的决策被解释变量;X 为解释变量,包括影响选择主体决策行为的各种因素。在模型(7-1)中,对于 $Y_i = X_i\beta + \mu_i$,因为 $E(\mu_i) = 0$,所以 $E(Y_i) = X_i\beta$,令

$$p_i = P(Y_i = 1), \quad 1 - p_i = P(Y_i = 0)$$

于是

$$E(Y_i) = 1 \cdot P(Y_i = 1) + 0 \cdot P(Y_i = 0) = p_i$$

进一步有

$$E(Y_i) = P(Y_i = 1) = X_i\beta$$

对于上式右端的 $X_i\beta$,并没有处于[0, 1]范围内的限制,实际上很可能超出[0, 1]的范围;而对于上式左端的 $P(Y_i = 1)$,则要求处于[0, 1]范围内。于是上式左右两端产生了矛盾。

另外,对于随机误差:

$$\mu_i = \begin{cases} 1 - X_i\beta, & \text{当} Y_i = 1 \text{时,其概率为} X_i\beta \\ -X_i\beta, & \text{当} Y_i = 0 \text{时,其概率为} 1 - X_i\beta \end{cases}$$

显然,具有这种概率结构的随机误差项具有异方差性。由于存在这两方面的问题,故模型(7-1)不能作为实际研究二元选择问题的模型。

(1)效用模型。为了使二元选择问题的研究成为可能,先建立随机效用模型。以上述借款农户策略选择问题为例,如果某一农户选择"还款"策略,其效用为 U_i^1,上标表示结果,下标表示第 i 个农户。该效用是随机变量,并且由社会资本、贷款额度、信贷需求次数及农户创收能力等因素解释,于是有

$$U_i^1 = X_i\beta^1 + \varepsilon_i^1 \tag{7-2}$$

类似地,如果某一农户选择"不还款"策略,其效用为 U_i^0,该效用是随机变量,并且由社会资本、贷款额度、信贷需求次数及农户创收能力等因素解释。于是有

$$U_i^0 = X_i \beta^0 + \varepsilon_i^0 \quad (7\text{-}3)$$

注意到，在模型（7-2）和模型（7-3）中，效用是不可观测的，我们能够得到的观测值仍然是选择结果，即 0 和 1。很显然，如果不可观测的 $U_i^1 > U_i^0$，即农户选择"还款"策略所获得效用大于选择"不还款"策略所获得效用，那么他一定会选择"还款"策略。相反，如果不可观测的 $U_i^0 > U_i^1$，即农户选择"不还款"策略所获得效用大于选择"还款"策略所获得效用，那么他一定会选择"不还款"策略。将模型（7-2）和模型（7-3）相减，得

$$U_i^1 - U_i^0 = X_i(\beta^1 - \beta^0) + (\varepsilon_i^1 - \varepsilon_i^0)$$

进一步有

$$Y_i^* = X_i \beta + \mu_i^* \quad (7\text{-}4)$$

这就是需要研究的二元选择模型，它是一个线性模型，其中，Y_i^*、X_i、β、μ_i^* 分别为模型的被解释变量、解释变量、待估计参数和随机误差项。由于 Y_i^* 是不可观测的，故效用模型也被称为潜变量模型（latent variable model）。

再来看农户选择 $Y_i = 1$ 的概率。显然应该有

$$P(Y_i = 1) = P(Y_i^* > 0) = P(\mu_i^* > -X_i\beta) \quad (7\text{-}5)$$

（2）两种常用的模型。模型（7-4）的被解释变量不可观测，显然该模型不可能采用最小二乘法估计，只能采用最大似然估计。为了实现模型的最大似然估计，就必须为 μ_i^* 选择一种特定的概率分布。两种最常用的分布是标准正态分布和逻辑分布，于是就形成了两种最常用的二元选择模型——Probit 模型和 Logit 模型。无论是标准正态分布还是逻辑分布，由于它们是对称的，就存在 $F(-t) = 1 - F(t)$，其中，$F(t)$ 表示概率分布函数。于是式（7-5）可以改写为

$$\begin{aligned} P(Y_i = 1) &= P(Y_i^* > 0) = P(\mu_i^* > -X_i\beta) \\ &= 1 - P(\mu_i^* \leq -X_i\beta) \\ &= 1 - F(-X_i\beta) = F(X_i\beta) \end{aligned} \quad (7\text{-}6)$$

至此，可以得到模型（7-4）的似然函数

$$P(Y_1, Y_2, \cdots, Y_n) = \prod_{Y_i=0}(1 - F(X_i\beta)) \prod_{Y_i=1} F(X_i\beta) \quad (7\text{-}7)$$

$$L = \prod_{i=1}^{n} (F(X_i\beta))^{Y_i} (1 - F(X_i\beta))^{1-Y_i} \quad (7\text{-}8)$$

对数似然函数为

$$\mathrm{Ln}L = \sum_{i=1}^{n} (Y_i \mathrm{Ln} F(X_i\beta) + (1 - Y_i) \mathrm{Ln}(1 - F(X_i\beta))) \quad (7\text{-}9)$$

对数似然函数最大化的一阶条件为

$$\frac{\partial \mathrm{Ln}L}{\partial \beta} = \sum_{i=1}^{n}\left[\frac{Y_i f_i}{F_i} + (1-Y_i)\frac{-f_i}{(1-F)}\right]X_i = 0 \qquad (7\text{-}10)$$

其中，f_i 表示概率密度函数。显然，在样本数据的支持下，如果知道式（7-10）中的概率分布函数和概率密度函数，求解该方程组，可以得到模型参数估计量。

2. Logit 模型的估计方法

根据式（7-5）中 μ_i^* 的概率分布不同，得到两种常用的二元选择模型——Probit 模型和 Logit 模型。由于 Probit 模型要求 μ_i^* 满足标准正态分布，Logit 模型要求 μ_i^* 满足逻辑概率分布，而逻辑概率分布的尾巴要比标准正态分布粗一些，这与现实中信贷数据的分布特点更为吻合，因此，本章选择 Logit 模型。这样，在 Logit 模型中，逻辑概率分布的分布函数为

$$F(t) = 1/(1+\mathrm{e}^{-t}) \qquad (7\text{-}11)$$

进一步，式（7-11）可以写为

$$F(t) = \mathrm{e}^t/(1+\mathrm{e}^t) = \Lambda(t) \qquad (7\text{-}12)$$

其中，$\Lambda(\cdot)$ 通常用来表示逻辑分布的概率分布的符号。

相应地，概率密度函数为

$$f(t) = \mathrm{e}^{-t}/(1+\mathrm{e}^{-t})^2 \qquad (7\text{-}13)$$

进一步，式（7-13）可以写成：

$$f(t) = \mathrm{e}^t/(1+\mathrm{e}^t)^2 = \Lambda(t)[1-\Lambda(t)] \qquad (7\text{-}14)$$

（1）重复观测值不可得到情况下 Logit 二元选择模型的参数估计。在重复观测值不可得到情况下，将式（7-12）和式（7-14）代入式（7-11），得到

$$\frac{\partial \mathrm{Ln}L}{\partial \beta} = \sum_{i=1}^{n}\left[\frac{Y_i f_i}{F_i} + (1+Y_i)\frac{-f_i}{1-F_i}\right]X_i = \sum_{i=1}^{n}[Y_i - \Lambda(X_i\beta)]X_i = 0 \qquad (7\text{-}15)$$

式（7-15）是关于 β 的非线性函数，不能直接求解，需采用完全信息最大似然法中所采用的迭代方法。

同样，这里所谓"重复观测值不可得到"，是指对于每个决策者只有一个观测值。

（2）重复观测值可以得到情况下 Logit 二元选择模型的参数估计。在重复观测值可得到情况下，同样可以采用广义最小二乘法估计 Logit 二元选择模型。由式（7-11）可以得到

$$F(t)/1-F(t) = \mathrm{e}^t \qquad (7\text{-}16)$$

同样地，对第 i 个决策者重复观测 n_i 次，选择 $Y_i = 1$ 的次数比例为 p_i，那么可以

将 p_i 作为真实概率 P_i 的一个估计量，于是有

$$p_i = P_i + e_i = F(X_i\beta) + e_i \quad (7\text{-}17)$$

$E(e_i) = 0$；$\text{Var}(e_i) = p_i(1-p_i)/n_i$。

用样本重复观测得到的 p_i 构成"发生比例"$p_i/(1-p_i)$，取对数并进行泰勒展开，有

$$\text{Ln}\left[p_i/(1-p_i)\right] \approx \text{Ln}\left[P_i/(1-P_i)\right] + e_i/\left[P_i(1-P_i)\right] \quad (7\text{-}18)$$

在式（7-16）中，用 P_i 代替 $F(t)$，再用 $X_i\beta$ 代入 t，然后代入式（7-18），得到

$$\text{Ln}\left[p_i/(1-p_i)\right] \approx \text{Ln}(e^{X_i\beta}) + \mu_i = X_i\beta + \mu_i \quad (7\text{-}19)$$

另 $v_i = \text{Ln}\left[p_i/(1-p_i)\right]$，则有

$$v_i = X_i\beta + \mu_i, \quad V = X\beta + U \quad (7\text{-}20)$$

则广义最小二乘法估计式（7-20），得到

$$\tilde{\beta} = \left(X'\tilde{\vartheta}^{-1}X\right)^{-1}X'\tilde{\vartheta}^{-1}V \quad (7\text{-}21)$$

其中，$\tilde{\vartheta}$ 由 P_i 的估计量 p_i 构成，同样地，为了提高估计量的质量，可以采用迭代方法反复求得 P_i 的估计量。V 的观测值不需要求解概率分布函数的反函数，而是由实际观测得到的 p_i 直接计算得到。

7.3.2　变量选择与数据说明

1. 指标变量选择

根据前文博弈分析的结果，影响农户策略选择行为的因素有农户面临的社会资本、农户的贷款额度、农户的未来信贷需求次数，以及农户的贷款创收能力。因此，本章实证部分将着重检验这四个因素是否对农户的还款行为产生影响，以及产生怎样的影响。指标变量的选取将主要从上述四个因素出发，此外，为避免模型由于遗漏重要解释变量而产生随机误差项序列相关的问题，根据实际情况，我们引入农户被监督强度因素，具体变量选择如下。

1）因变量定义

研究对象为农户联保贷款的偿还率。我们选取"农户是否按时偿还贷款"作为因变量，这是一个虚拟变量，其赋值为"否=0，是=1"，用字母 Y 表示。

2）自变量定义

第1组，农户面临的社会资本。社会资本是个体或者团体之间的关联——社会网络、互惠性规范及由此产生的信任，是人们在社会结构中所处的地位给他们带来的资源。根据已有的相关理论，本章选取社交程度和社会声望两个指标变量来度量社会资本。社交程度（X_1）：该变量为离散型变量，其值大小根据借款农户与其他村民的交流情况（走访、聊天等）而定。根据交流的频率大小，该变量分别取值0、1、2，其中0表示几乎不交流，1表示交流比较频繁，2表示交流非常频繁。社会声望（X_2）：该变量也为离散型变量，其值大小根据借款农户在农忙时有多少人愿意来帮忙而定。根据来帮忙的人数多少，该变量分别取值0、1、2，其中0表示几乎没人来帮忙，1表示来帮忙的人不多，2表示来帮忙的人很多。

第2组，农户的贷款额度。贷款额度可以直接用贷款金额的大小来度量，但是由于借款农户的收入状况不一样，同一贷款金额对于不同收入状况的农户来说，其效用也不一样。考虑到数据的可比性，我们选用贷款收入比来度量贷款额度。贷款收入比（X_8）：该变量为连续型变量，其数值为贷款金额与农户家庭年收入之间的比值。

第3组，农户的未来信贷需求次数。金烨和李宏彬（2009）通过对信贷需求和农户年龄进行回归分析，发现农户年龄和信贷需求有着很高的拟合优度。农户年龄越大，其信贷需求越小；农户年龄越小，其信贷需求越大。也即农户年龄与其信贷需求之间存在着正向相关关系。因此，我们可以用农户年龄来反向衡量其未来信贷需求的相对大小——年龄越大，未来信贷需求越小；年龄越小，未来信贷需求越大。农户年龄（X_3）：其数值为农户实际年龄大小。

第4组，农户的贷款创收能力。这里主要是指农户利用贷款资金创造价值的能力。我们选用贷款用途和家庭年收入两个变量来表示。贷款用途（X_4）：该变量是一个虚拟变量。如果农户借款是为了满足其消费性需求，那么变量取值为0；如果农户借款是为了满足其生产性需求，那么变量取值为1。家庭年收入（X_5）：其值为农户家庭年收入的总和。

第5组，农户被监督强度。联保贷款不同于其他贷款模式，借款农户不仅要受到来自贷款机构的外部监督，还要受到来自联保小组其他成员的内部监督。因此，本章选用内部监督强度和外部监督强度两个变量来衡量农户被监督强度。内部监督强度（X_6）：该变量为离散型变量，其值大小根据联保小组内部成员之间的交流频率而定。根据交流频率的大小，该变量分别取值0、1、2，其中0表示几乎不交流，1表示交流比较频繁，2表示交流非常频繁。外部监督强度（X_7）：该变量也为离散型变量，其值大小根据贷款机构对借款农户的走访情况而定。如果借款农户在贷款期间没有受到信贷员的走访，其值取 0；如果借款农户在贷款期间受到了信贷员的走访，其值取 1。

2. 样本数据说明

本章采用 191 个样本数据[①]。对于这 191 个样本数据，我们将其分成两组，一组用于模型参数的估计，该组包含 161 个数据；另一组用于模型的预测性检验，该组包含 30 个数据。变量赋值及样本数据的统计特征如表 7-1 所示。

表 7-1 变量赋值及样本数据的统计特征

变量	赋值	均值	标准差	预测
Y	否=0，是=1	0.90	0.30	
X_1	几乎不交流=0 交流比较频繁=1 交流非常频繁=2	1.12	0.59	+
X_2	几乎没人来帮忙=0 来帮忙的人不多=1 来帮忙的人很多=2	1.07	0.59	+
X_3	实际年龄	39.25	7.07	−
X_4	用于消费=0 用于生产=1	0.90	0.31	+
X_5	家庭年收入	20 794.76	8 562.92	+
X_6	几乎不交流=0 交流比较频繁=1 交流非常频繁=2	0.99	0.55	+
X_7	没有被走访=0 被走访=1	0.93	0.26	+
X_8	贷款额度与收入之比	1.07	0.70	−

资料来源：根据课题组实地调查数据计算而得

7.4 实证检验结果及分析

7.4.1 基于主成分分析的 Logit 模型构建

1. 多重共线性检验

考虑到模型解释变量较多，可能存在多重共线性问题，从而影响到实证结果

---

① 2013 年暑假，课题组对河南省××县××镇的农户进行了问卷调查，共发放问卷 250 份，通过对回收的问卷进行甄别筛选，得到有效问卷共计 191 份，有效样本率为 76.4%。

的正确性,我们有必要进行多重共线性检验。

首先,建立被解释变量 Y 与所有解释变量之间的线性模型,并对模型进行回归分析,模型回归结果如表 7-2 所示。

表 7-2 模型回归结果

变量	系数	标准差	t 统计量	P 值
C	1.287 1	0.103 0	12.496 3	0.000 0
X_1	−0.084 6	0.037 3	−2.261 4	0.025 2
X_2	0.047 8	0.034 7	1.377 6	0.170 4
X_3	−0.005 6	0.001 6	−3.614 9	0.000 4
X_4	0.253 2	0.057 2	4.424 4	0.000 0
X_5	-8.62×10^{-6}	1.56×10^{-6}	−5.518 9	0.000 0
X_6	0.042 0	0.031 8	1.322 2	0.188 1
X_7	0.100 9	0.062 6	1.611 3	0.109 2
X_8	−0.282 4	0.022 7	−12.453 4	0.000 0

其次,计算各变量之间的相关系数,得到相关系数矩阵,如表 7-3 所示。

表 7-3 相关系数矩阵

变量	Y	X_1	X_2	X_3	X_4	X_5	X_6	X_7	X_8
Y	1.000 0	0.411 8	0.395 7	−0.402 3	0.689 3	0.236 7	0.423 5	0.584 9	−0.784 7
X_1	0.411 8	1.000 0	0.826 8	−0.198 3	0.504 6	0.574 2	0.785 1	0.405 1	−0.577 5
X_2	0.395 7	0.826 8	1.000 0	−0.158 0	0.413 7	0.591 3	0.741 0	0.302 2	−0.553 7
X_3	−0.402 3	−0.198 3	−0.158 0	1.000 0	−0.336 4	−0.224 7	−0.209 0	−0.230 8	0.297 7
X_4	0.689 3	0.504 6	0.413 7	−0.336 4	1.000 0	0.313 1	0.437 2	0.714 3	−0.582 8
X_5	0.236 7	0.574 2	0.591 3	−0.224 7	0.313 1	1.000 0	0.484 9	0.241 8	−0.547 5
X_6	0.423 5	0.785 1	0.741 0	−0.209 0	0.437 2	0.484 9	1.000 0	0.335 4	−0.521 4
X_7	0.584 9	0.405 1	0.302 2	−0.230 8	0.714 3	0.241 8	0.335 4	1.000 0	−0.503 5
X_8	−0.784 7	−0.577 5	−0.553 7	0.297 7	−0.582 8	−0.547 5	−0.521 4	−0.503 5	1.000 0

根据表 7-2 的模型回归结果,自变量 X_2、X_6、X_7 的系数估计量在 10% 显著水平下接受原假设,也即不能通过显著性检验。而根据表 7-3 的相关系数矩阵,被解释变量 Y 与解释变量 X_2、X_6、X_7 之间的相关系数分别为 0.395 7、0.423 5、0.584 9;然而,一般认为,当两个变量的相关系数的绝对值在 0.3~0.8

时，这两个变量存在显著相关性（王宝进，2007）。因此，表 7-3 显示的结果表明被解释变量 Y 与解释变量 X_2、X_6、X_7 之间存在显著相关性，这与表 7-2 的模型回归结果不相符。

此外，表 7-2 的回归结果显示，变量 X_1、X_5 系数为负值，表明这两个变量与被解释变量 Y 呈现出负向相关关系；而表 7-3 的结果显示，被解释变量 Y 与变量 X_1、X_5 之间的相关关系为正值，说明它们之间为正向相关关系。

表 7-2 和表 7-3 的显示结果存在明显矛盾，说明解释变量之间存在多重共线性，有必要进行主成分分析。

2. 主成分分析

主成分分析是在损失较少原有数据信息的基础之上，把多个指标转化为几个有代表意义的综合指标，以实现数据的降维。

利用 EViews 6.0 软件对样本数据进行主成分分析，得到各主成分的特征值与方差贡献率，如表 7-4 所示。由表 7-4 可以看出，第一主成分的方差贡献率为 0.536 0，第二主成分的方差贡献率为 0.153 8，第三主成分的方差贡献率为 0.106 2，这三个主成分的累计方差贡献率已达到 0.796 0，接近 80%，已经能够很好地反映原始数据。

表 7-4 主成分分析结果

编号	特征值	差值	方差贡献率	累计特征值	累计方差贡献率
1	4.288 1	3.058 0	0.536 0	4.288 1	0.536 0
2	1.230 0	0.380 3	0.153 8	5.518 1	0.689 8
3	0.849 7	0.257 1	0.106 2	6.367 8	0.796 0
4	0.592 6	0.223 4	0.074 1	6.960 4	0.870 1
5	0.369 2	0.101 4	0.046 2	7.329 6	0.916 2
6	0.267 8	0.023 7	0.033 5	7.597 5	0.949 7
7	0.244 1	0.085 8	0.030 5	7.841 6	0.980 2
8	0.158 4	—	0.019 8	8.000 0	1.000 0

另外，从图 7-1 所示的碎石图，我们可以看到，前三个主成分的特征值与其他主成分的特征值相差较大，且拐点 2、3 处的斜率变化较为剧烈，之后的拐点斜率变化较为平缓，因此，我们可以选用前三个主成分来反映原始数据。为了方便讨论，我们将这三个主成分分别命名为 P_1、P_2、P_3。

图 7-1　碎石图

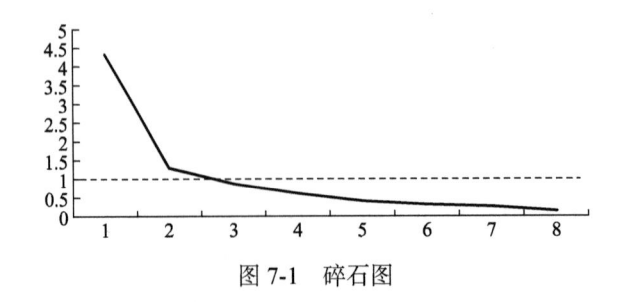

表 7-5 显示的是主成分系数矩阵，根据该表得知，第一主成分 P_1 主要代表社交程度、社会声望、家庭年收入、内部监督强度、贷款收入比这 5 个变量的信息；第二主成分 P_2 主要代表贷款用途、外部监督强度这 2 个变量的信息；第三主成分 P_3 主要代表农户年龄信息。

表 7-5　主成分系数矩阵

变量	P_1	P_2	P_3
X_1	0.422 2	0.254 6	0.073 7
X_2	0.400 1	0.356 6	0.026 8
X_3	−0.184 4	0.401 4	0.848 5
X_4	0.351 6	−0.463 9	0.222 0
X_5	0.335 6	0.257 6	−0.264 0
X_6	0.390 7	0.271 2	0.272 8
X_7	0.301 5	−0.526 3	0.392 5
X_8	−0.384 5	0.121 6	0.010 0

于是，三个主成分的表达式如下：

$$P_1 = 0.422\,25ZX_1 + 0.400\,11ZX_2 - 0.184\,394ZX_3 \\ + 0.351\,551ZX_4 + 0.335\,584ZX_5 + 0.390\,673ZX_6 \\ + 0.301\,528ZX_7 - 0.384\,535ZX_8 \quad (7-22)$$

$$P_2 = 0.254\,569ZX_1 + 0.356\,588ZX_2 + 0.401\,431ZX_3 \\ - 0.463\,899ZX_4 + 0.257\,571ZX_5 + 0.271\,7ZX_6 \\ - 0.526\,328ZX_7 + 0.121\,563ZX_8 \quad (7-23)$$

$$P_3 = 0.073\,738ZX_1 + 0.026\,801ZX_2 + 0.848\,511ZX_3 \\ + 0.222\,008ZX_4 - 0.264\,012ZX_5 + 0.272\,82ZX_6 \\ + 0.392\,477ZX_7 + 0.010\,009ZX_8 \quad (7-24)$$

其中，$ZX_i\,(i=1,2,\cdots,8)$ 为 X_i 经标准化变换得到的数据。

3. 回归模型的构建

将样本数据代入式（7-22）~式（7-24），得到每一个样本点对应的三个主成分的具体数据。以主成分 P_1、P_2、P_3 作为新的解释变量，并用字母 P 表示因变量 $Y=1$ 的概率，建立如下 Logit 回归模型：

$$\operatorname{Ln}\left(\frac{p}{1-p}\right)=\beta_0+\beta_1\cdot P_1+\beta_2\cdot P_2+\beta_3\cdot P_3+\varepsilon \quad (7\text{-}25)$$

利用 Eviews6.0 软件对模型进行回归分析，结果如表 7-6 所示。

表 7-6 模型回归结果

变量	系数	标准差	Z 统计量	P 值
C	7.982 0	2.402 6	3.322 2	0.000 9
P_1	1.974 0	0.638 1	3.093 4	0.002 0
P_2	-1.442 5	0.836 0	-1.725 4	0.084 5
P_3	-2.767 8	1.197 3	-2.311 7	0.020 8
		McFadden R^2		0.803 4
LR 统计量	72.586 0	概率值（LR 统计量）		0.000 0

7.4.2 模型回归结果分析

根据表 7-6 显示的回归结果，我们可以看到，LR 统计量的值为 72.586 0，其 P 值为 0，也即模型以 0% 的概率接受原假设（除常数以外所有系数都为 0），说明模型整体显著。似然比率指标 McFadden R^2 的值为 0.803 4，说明模型的自变量已经能够很好地解释因变量。

此外，模型所有回归系数均显著不为零，其中自变量 P_1 和常数项在 1% 显著水平下显著，自变量 P_2 在 10% 显著水平下显著，自变量 P_3 在 5% 显著水平下显著，这说明三个主成分均能显著地影响联保贷款的偿还率。

将上述系数估计量代入模型（7-25），得出

$$\operatorname{Ln}\left(\frac{p}{1-p}\right)=7.982\,0+1.974\,0\cdot P_1-1.442\,5\cdot P_2-2.767\,8\cdot P_3+\varepsilon \quad (7\text{-}26)$$

将式（7-22）~式（7-24）代入模型（7-26），得出

$$\operatorname{Ln}\left(\frac{p}{1-p}\right)=7.982\,0+0.262\,2ZX_1+0.201\,3ZX_2-3.291\,6ZX_3+0.748\,7ZX_4 \\ +1.021\,7ZX_5+0.304\,5ZX_6+0.268\,1ZX_7-0.962\,1ZX_8+\varepsilon \quad (7\text{-}27)$$

同时，将 $Z_i X_i = \dfrac{X_i - \mu_i}{\sqrt{\sigma_i}}$（$\mu_i$ 为 X_i 的期望，σ_i 为 X_i 的方差）代入模型（7-27），得出

$$\begin{aligned}
\operatorname{Ln}\left(\frac{p}{1-p}\right) =\ & 7.9820 + 0.2622\left(\frac{X_1 - \mu_1}{\sqrt{\sigma_1}}\right) + 0.2013\left(\frac{X_2 - \mu_2}{\sqrt{\sigma_2}}\right) \\
& - 3.2916\left(\frac{X_3 - \mu_3}{\sqrt{\sigma_3}}\right) + 0.7487\left(\frac{X_4 - \mu_4}{\sqrt{\sigma_4}}\right) + 1.0217\left(\frac{X_5 - \mu_5}{\sqrt{\sigma_5}}\right) \\
& + 0.3045\left(\frac{X_6 - \mu_6}{\sqrt{\sigma_6}}\right) + 0.2681\left(\frac{X_7 - \mu_7}{\sqrt{\sigma_7}}\right) - 0.9621\left(\frac{X_8 - \mu_8}{\sqrt{\sigma_8}}\right) + \varepsilon
\end{aligned} \quad (7\text{-}28)$$

进一步，将 μ_i、σ_i 的数值代入模型（7-28），得出

$$\begin{aligned}
\operatorname{Ln}\left(\frac{p}{1-p}\right) =\ & 20.5847 + 0.4465 X_1 + 0.3428 X_2 - 0.4649 X_3 + 2.4358 X_4 \\
& + 0.00001 X_5 + 0.5559 X_6 + 1.0355 X_7 - 1.3666 X_8 + \varepsilon
\end{aligned} \quad (7\text{-}29)$$

在模型（7-29）中，变量 X_1、X_2、X_4、X_5、X_6、X_7 的系数均为正数，说明这些变量对于因变量均产生正向影响，即社交程度、社会声望、贷款用途、家庭年收入、内部监督强度、外部监督强度对农户偿还贷款产生正向影响。根据前文的理论分析，社交程度、社会声望两个变量用来衡量农户面临的社会资本；贷款用途、家庭年收入两个变量用来衡量农户的贷款创收能力；外部监督强度、内部监督强度两个变量用来衡量农户被监督强度。因此，农户面临的社会资本、农户的贷款创收能力、农户被监督强度三个因素对于农户联保贷款偿还率的提高有着正向影响，这与理论假设相一致。

同时，在模型（7-29）中，变量 X_3、X_8 的系数为负数，说明这两个变量对于因变量产生负向影响，即农户年龄、贷款收入比对农户偿还贷款产生负向影响。根据前文的理论分析，农户年龄用来衡量农户未来信贷需求次数，且农户年龄越大，其未来信贷需求次数越少。贷款收入比用来衡量农户贷款额度。因此，农户未来信贷需求次数对于农户联保贷款偿还率的提高有着正向影响；农户贷款额度对于农户联保贷款偿还率的提高有着负向影响，从而与理论假设相一致。

7.4.3　模型预测检验

根据模型（7-29），我们可以得到概率 P 的表达式：

$$P = \frac{1}{1+e^{-(20.5847+0.4465X_1+0.3428X_2-0.4649X_3+2.4358X_4+0.00001X_5+0.5559X_6+1.0355X_7-1.3666X_8)}}$$

将 30 个预测样本点分别代入上式，得到每一个样本点对应的 P 值。并且，我们引入状态变量 FY。如果 P 值大于 0.5，则表明模型预测农户将偿还贷款，FY 取值为 1；如果 P 值小于 0.5，则表明模型预测农户将违约，FY 取值为 0。模型预测检验结果如表 7-7 所示。

表 7-7　模型预测检验结果

样本	P	FY	Y	结果	样本	P	FY	Y	结果
1	0.999 995	1	1	正确	16	0.999 882	1	1	正确
2	0.999 954	1	1	正确	17	0.998 960	1	1	正确
3	0.999 996	1	1	正确	18	0.999 962	1	1	正确
4	0.999 468	1	1	正确	19	0.999 824	1	1	正确
5	0.999 994	1	1	正确	20	0.999 158	1	1	正确
6	0.999 403	1	1	正确	21	0.997 527	1	1	正确
7	0.997 166	1	1	正确	22	0.997 050	1	1	正确
8	0.991 458	1	1	正确	23	0.994 959	1	1	正确
9	0.999 448	1	1	正确	24	0.999 291	1	1	正确
10	0.999 989	1	1	正确	25	0.637 864	1	0	错误
11	0.996 528	1	1	正确	26	0.012 020	0	0	正确
12	0.999 995	1	1	正确	27	0.672 561	1	0	错误
13	0.999 992	1	1	正确	28	0.057 327	0	0	正确
14	0.958 068	1	1	正确	29	0.388 126	0	0	正确
15	0.999 885	1	1	正确	30	0.037 928	0	0	正确

由表 7-7 可以看到，针对 30 个预测样本点，模型成功预测了 28 个，预测成功率高达 93.33%。其中，模型对于 24 个履约样本点的预测成功率达到了 100%，对于 6 个违约样本点的预测成功率为 66.67%（除模型自身因素外，和违约样本点的个数较少也有关系）。整体来看，模型对于判断联保贷款农户的违约风险是非常有效的。

7.5　结论与启示

本章主要基于博弈论的分析方法，对农户联保贷款各主体之间的博弈行为进行研究。分析表明，社会资本、贷款额度、未来信贷需求次数及农户利用贷款创收的能力四个因素将会影响借款农户的策略选择行为。具体来说，农户拥有的社会资本越大，其越愿意选择"还款"策略；农户的贷款额度越小，其越愿意选择"还款"策略；农户未来信贷需求次数越多，其越愿意选择"还款"策略；农户利用贷款创收的能力越强，其越愿意选择"还款"策略。

在实证部分中，运用主成分分析法和 Logit 二元选择模型，对河南省××县××镇农户调查数据进行了实证分析，分析结果与理论假设的结果相一致，即作为衡量社会资本的变量——社交程度和社会声望，对联保贷款偿还率的提高产生正向影响；作为衡量贷款额度的变量——贷款收入比，对联保贷款偿还率的提高产生负向影响；作为衡量农户利用贷款创收能力的变量——贷款用途和家庭年收入，对联保贷款偿还率的提高产生正向影响；作为反向衡量未来信贷需求次数的变量——农户年龄，对联保贷款偿还率的提高产生负向影响。

首先，贷款机构要结合实际情况，确定科学合理的贷款额度，在进行贷款审批时，要结合申请人的实际情况确定合理的授信额度，使该额度既能满足借款农户的生产生活需要，又能防范授信额度过大造成的违约风险。其次，加强农户之间的联系，提高农户的社会资本，进而提高合约执行力度。可以通过转变农村生产经营方式，使之从传统的小农生产方式转变为合作化、市场化、产业化的新型农村生产方式，这种合作化、市场化、产业化的新型农村生产方式可以加强农户之间的经济交往和利益相关性，从而提高农户的社会资本水平。最后，在注重农村经济建设的同时，也要注重农村文化建设和社会建设，丰富的文化活动可以使人与人之间的交往更加深刻、更加和谐；完善的公共设施和社会保障制度，可以增强农户的"社会性"，提高其社会资本水平，进而提高农户联保贷款的偿还率。

第8章 信贷合约履约失效的影响因素分析
——来自农户联保贷款中农户退出的经验证据

在一些国家或地区,虽然联保贷款取得了巨大成功,但也有不少失败案例,我国的一些地区也出现过联保贷款还款率非常低的现象,甚至低于其他种类的贷款。Woolcock(2001)发现,在孟加拉国的坦盖尔)地区,还款率高达100%,而到了20世纪90年代早期,在巴基斯坦的伦格布尔地区的还款率却只有30%;中国邮政储蓄银行××市支行在××地区发放农村联保贷款(截至2013年12月),其不良贷款笔数和金额的比例分别达到49%和50.6%。农村联保贷款失败率呈现上升趋势,究其何种原因导致农村联保贷款失败?农户退出的主要影响因素是什么?从信贷合约理论角度,深入探析农户违约的原因,研究农户信贷合约履约失效的影响因素,对于改善农村信贷合约执行机制,促进农村贷款(包括联保贷款)健康、可持续发展,具有重要的参考意义。

在第7章的内容中,以农户联保贷款偿还率为例,从正向视角分析了信贷合约履约执行的主要影响因素;在本章中,将以农户联保贷款中农户退出为例,从反向视角来分析信贷合约履约失效的决定因素。首先,基于相关理论研究,提出影响联保贷款中农户退出的理论假设,在此基础上,以河南省开封市××镇为例进行实证分析,分析影响信贷合约履约失效的主要因素。

8.1 农村联保贷款中农户退出的理论假设

农村联保贷款是对"借款客户-贷款机构"这一传统式的"直客式"信贷模式进行创新,其能够有效运行,全依赖于其独特的运营机制,即横向选择、横向监督、动态激励和担保替代等机制，从而能够克服信息发现的不足，避免逆向选择问题，降低道德风险。

在农村联保贷款中，农户之间的异质性即农户之间收入的差异程度。Aghion 和 Morduch（2005）研究发现，当联保小组成员之间出现异质性时，还款风险出现明显的差异，农户之间的横向监督机制被破坏，从而导致农户的违约风险加大。褚保金等（2011）以苏北地区农村信用社的团体贷款为例，利用面板数据的多元回归计量模型对农户收入的异质性与联保贷款还款率之间的关系进行了实证分析，结果表明随着经济水平的发展和农户经济活动的异质性加强，对农村联保贷款中的小组而言，其成员之间的信贷需求出现了明显的分化，这样，贷款团体内部成员相互监督的难度增加，从而导致了农户的违约不还贷款。张正平和肖雄（2012）构建了一个研究我国农村联保贷款制度的博弈论模型，从农户加入联保贷款小组的角度分析了影响的基本因素，研究发现，同质性的农户更容易组成联保贷款小组。章元（2005）通过构造农户异质性的五人还款博弈模型，从农户收入水平不均的角度进行研究，得出收入在联保农户之间的分布对还款率具有重要影响。若联保小组收入不均匀地分布在少数农户手中，一般性成功农户会因为"社会约束失灵"而倾向选择"搭便车"，或者因为无法满足激励相容约束而违约，甚至还有可能出现所有成功农户都违约的"囚徒困境"；只有成功农户占多数时，社会约束才能对联保农户的策略性违约行为起到威慑作用。但是超常成功者在收入分布均匀时选择违约比收入分布不均匀时所面临的激励相容约束更加苛刻。所以，收入在成员间的分布可以成为还款率下降的重要影响因素。由此，我们提出假设 8-1：

假设 8-1：联保小组农户之间的异质性对农户退出有正向影响。农户之间同质性越强即成员之间收入差异越小，退出的风险就越小，异质性越强即成员之间收入差异程度越大，退出的风险越大。

Besley 和 Coate（1995）划分出了联保责任所导致的两种相互抵触的力量：正面效应是使收入较高的农户替无力还款的农户偿还贷款，负面效应是收入水平中等的农户由于其他无力还款的农户的联保责任而策略性违约。Mailath（2006）指出，对于多方主体（大于或等于 3）参与的博弈模型，难以同时求出最小最大值点，因此，其子博弈完美均衡严密性的论证将不能得到保证，即多方经过多次博弈后，由于社会约束不足和惩罚很小，农户从个人利益考虑，不愿承担联保责任，会选择同时违约。基于中小企业联保贷款案例，谢世清和李四光（2011）构建了一个联保贷款的信誉博弈模型，得出与二元联保贷款对比，多元联保贷款可能因信息甄别难度上升，企业之间的横向监督更加困难，导致信用风险问题加剧，企业违约的风险大幅上升。基于博弈参与主体有效理性假设及演化博弈模型，兰敏等（2010）研究了与联保贷款密切相关的各因素，如贷款额度、贷款利率、所投资项目风险、连带责任之间的相互关系。结果表明农户需要为联保小组成员承担的联保责任与贷款额度或贷款本金呈正相关，与项目的成功率呈负相关，只有使联保责任在农户所承受的范围内，农户才会考虑继续参与联保贷款，说明联保农户的违约风险与其承担的联保责任呈正相关关系。

Laffont 和 Rey（2003a）在最优化框架下对于合谋问题的研究，证明了贷款中联保责任机制，可能会导致联保贷款的绩效大大降低。Bond 和 Rai（2005）认为，借款农户与信贷机构的工作人员之间的串联、勾结，以及相互联保农户之间的串联等合谋行为，都将造成联保贷款项目失败；另外，如果不可抗力因素使得借款农户投资失败，进而借款农户无力偿还贷款，也必将增加联保贷款项目失败的概率，农户违约的风险将进一步增加。而 key 等（2000）也认为由联保责任带来的社会担保并不足以保证农户的还款率。

基于联保贷款的"联保责任"机制，可以实现借款人之间的"类聚效应"，自动在借款人之间形成"安全性"小组或者"风险性"小组，进而有效识别借款人类型。然而，根据 Laffont（2003，2000）的理论分析，这种"类聚效应"是极其有限的，如果借款人在博弈过程中进行合谋，则无法通过该机制来识别借款人类型，因为合谋后的借款人可以形成"安全性"与"风险性"的组合，且同时向银行报告他们都是"风险性"借款人，并以此使得"安全性"借款人获得逆向租金。此时，联保小组成员的违约风险就会极高。Madajewicz（2005）曾认为"联保责任制"可能导致借款农户选择风险更高的投资项目，从而增加联保贷款的违约风险。Giné 和 Karlan（2013）认为，由于以下四点原因，从而导致"联保责任制"出现挫折：①借款人不喜欢因为"联保"而引起的紧张气氛，联保小组成员的紧张气氛容易导致部分借款人退出，并且还可能破坏联保农户之间的社会资本。②容易出现"搭便车"现象，对于信用较差的借款人来讲，当他意识到一旦他不能偿还银行贷款，其他联保农户就会为其偿还贷款时，这些信用较差的借款人可能会恶意违约。③对于信用状况较好的借款农户来说，"联保责任制"会增加其成本，由于他们可能会经常被要求为其同联保小组成员承担联保责任，这将导致农户较高的退出率与吸引新客户难度的增大。④当一个联保小组处于成熟期时，借款人之间的信贷需求会出现较大差异，因此，有小额度信贷需求的农户极有可能不愿意为需求额度较大者提供连带保证责任，从而可能导致联保小组内处于紧张状态。因此，虽然"联保责任制"能提高还款率，但是客户群基础却可能减少。由此，我们提出假设 8-2：

假设 8-2：联保小组成员之间的联保责任对农户退出有正向影响。

市场交易主体之间的信任，能够为交易双方提供稳定的预期，进而降低交易双方之间信息不对称而产生的交易成本（Williamson，1975）。相应地，借贷双方之间的信任，能够有效建立信息共享机制，降低信息不对称所带来的损失，从而促进"联保责任制"的有效运行（熊嫕，2009）。基于社会嵌入性的视角，张敦力和李四海（2012）考察了社会信任对企业银行贷款的影响，通过研究发现，对于一个具有强烈信贷需求的企业，如果没有什么政治关系可以被企业利用的话，则社会信任在企业银行贷款中起到重要的正向作用。农户的社区认同度越高，说明农户之间越信任，农户对名誉和信誉越看好，违约对他来说成本太高，社会惩罚大于总收益，所以社会约束有效，其违约风险很低，反之，对于社区认同度低的农户，即其他农户对其不信任，名誉不好，其违约成本很低，违约风险就很高。由此，我们提出假设8-3：

假设8-3：社区信任认同度对农户退出有负向影响。

对于信任和资讯来讲，两者之间存在着紧密关系，Luhmann（1979）认为资讯的进一步收集，需要信任来降低成本，相应地，由于时间限制而引起资讯不足的话，就必然导致信任不足。在此基础上，Luhmann（1979）进一步指出，人类社会存在着两种类型的信任：一是人类交往中所使用的法律、制度、准则约束与管制为基础的系统信任；二是人类交往中建立起来的，以情感联系为基础的人格信任，这两类信任模式对人类的交往均产生重要的影响。章元（2005）通过构造农户异质性的五人还款博弈模型，研究得出，若联保小组收入不均匀地分布在少数农户手中，一般性成功农户会因为"社会约束失灵"而倾向选择"搭便车"，或者因为无法满足激励相容约束而违约，甚至还有可能出现所有成功农户都违约的"囚徒困境"。由此表明，在当下我国社会约束不足，法律惩罚失效的大环境下，系统信任模式使得道德风险和逆向选择盛行，农户违约的风险很大。张正平和肖雄（2012）通过构建演化博弈分析框架对我国农村联保贷款制度进行了研究，从农户偿付贷款角度分析了农户违约退出的影响因素。研究发现：联保贷款小组成员为违约成员承担联保责任所获得的社会收益越大，违约成员所受到社会惩罚越大，则农户的还款意愿就越高；当地的信用环境越好，即农户之间的系统信任越高，农村联保贷款中农户违约的风险就越小。由此，我们提出假设8-4：

假设8-4：信任模式的选择对联保农户是否退出具有重要影响。

科斯的交易费用的理论认为任何的经济活动都会产生相应的交易费用，交易费用通过直接方式影响经济活动的成本支出，进而对居民和厂商的经济决策产生重大影响。联保农户之间的家庭距离与农户的贷款成本呈正相关关系，对于利益小农的决策而言，具有明显的效应。联保成员之间的家庭距离越远，相互之间的监督成本越高，相应收益越低，退出率也越高，反之退出率越低。由此，我们提出假设8-5：

假设8-5：联保成员之间的家庭距离在一定程度上对农户退出有正向影响。

8.2 农村联保贷款中农户退出的现状与影响因素

8.2.1 样本点农村联保贷款中农户退出的现状

为了分析农村联保贷款中农户退出的影响因素，本章采用判断抽样调查（又称为典型调查）方法于 2013 年 1~2 月对河南省开封市××镇 5 个行政村参加过联保贷款的农户进行定点调查，最终收集到的样本数为 366 户。由于本章研究对象是参加 5 户联保小组的农户，所以首先对收集到的数据进行筛选，把参加的不是 5 户联保小组的样本进行了剔除，最终得到的有效样本数为 329 个[①]，有效样本率为 89.89%。

从 2005 年农村联保贷款在我国大面积实施以来，河南省开封市××镇的农户也受到了农村金融机构的青睐，农村联保贷款开始在××镇全面推广，农户反响非常积极，大量农户参与进来。例如，以马庙村为中心的大型养鸭基地，农户通过联保贷款收入有所增加，农户就相应地扩大生产，农户的收入来源越来越多样化。

通过各种渠道，经过发展，农户的收入增加比较明显，同时农户的异质性也得到增强，再加上农村经济的推动，农户之间的异质性越来越突出，最终使得很多联保小组无法正常运行，大量农户退出。尤其是在 2008 年美国金融危机之后，大量农户开始退出联保小组，截至 2013 年 1 月，农户退出率高达 80%以上。以后滹沱村为中心的大型生猪养殖基地，随着农村经济的发展，尤其是生猪养殖业的发展，农户的人均收入大幅提升，有家庭养殖场年收入在 50 万~60 万元的，也有普通农户年收入在 1 万元以下的，再加上打工收入，还有做不锈钢装修生意的个体户等，农户之间的收入差距越来越大，异质性越来越明显，到目前为止，在农村联保贷款中农户的退出呈递增趋势。

在××镇五个行政村的 329 个有效样本农户中，退出联保小组的农户共 296户，比例为 89.97%，这说明在农村联保贷款中农户的退出在××镇是具有普遍性的，参见表 8-1。

[①] 被调查的 329 个样本农户，其经济状况基本表现出以下四个方面的特征：①家庭主要负责人的文化水平整体偏低，以高中和初中及以下所占比例最大；②家庭固定资产的价值整体比较大，且差距不是很大；③农业生产活动以养殖业为主，种植业只是给一家人提供食用的粮食；④养殖业和外出务工是农户家庭收入的两大主要来源。

表 8-1　样本点农户退出情况

选项	频数	所占比例
退出	296	89.97%
不退出	33	10.03%

资料来源：根据样本农户调查数据计算整理得到

8.2.2　样本点农村联保贷款中农户退出的影响因素

由前文的理论分析可知，影响农户退出的因素包括：一是联保小组内部成员之间的行为变量；二是社区层面的影响变量；三是其他控制变量。基于此，自变量有联保责任、违约处罚、联保成员之间的家庭距离、联保成员异质性、社区内组织团体活跃程度、家庭网络程度、信任模式、社区信任认同度、联保小组的存续期、外出务工的比例、贷款的主要用途、家庭固定资产价值等。这些变量的统计结果参见表 8-2。

表 8-2　影响农户退出因素的统计表

自变量	选项	频数	所占比例	累计比例
联保责任	没有责任	1	0.30%	0.30%
	有责任	36	10.94%	11.24%
	暂时垫付让他慢慢还	45	13.68%	24.92%
	大家都不还	247	75.08%	100%
违约处罚	不会	0	0	0
	会	329	100.00%	100%
联保成员之间的家庭距离	非常近，同村同组	49	14.89%	14.89%
	较近，同村不同组	84	25.53%	40.42%
	远，不全是同村	196	59.57%	100%
联保成员异质性	收入相近	34	10.33%	10.33%
	收入差异较大	31	9.42%	19.75%
	收入差异很大	264	80.24%	100%
社区内组织团体活跃程度	是	34	10.33%	10.33%
	否	295	89.67%	100%
家庭网络程度	0.389 2	123	37.39%	37.39%
	0.652 6	40	12.16%	49.55%
	0.333 3	42	12.77%	62.31%
	0.329 4	86	26.14%	88.45%
	0.213 8	38	11.55%	100%

第8章 信贷合约履约失效的影响因素分析 // 105

续表

自变量	选项	频数	所占比例	累计比例
信任模式	人格信任	105	31.91%	31.91%
	系统信任	224	68.09%	100%
社区信任认同度	否	197	59.88%	59.88%
	是	41	12.46%	72.34%
	不一定	91	27.66%	100%
联保小组的存续期	1年及以下	204	62.01%	62.00%
	1~2年	109	33.13%	95.13%
	2~3年	14	4.26%	99.39%
	3年以上	2	0.61%	100%
外出务工的比例	10%及以下	14	4.26%	4.26%
	10%~30%	34	10.33%	14.59%
	30%~50%	32	9.73%	24.32%
	50%~70%	83	25.23%	49.55%
	70%及以上	166	50.46%	100%
贷款的主要用途	用于消费	32	9.73%	9.73%
	农业生产	262	79.64%	89.36%
	非农业生产	35	10.64%	100%
家庭固定资产价值	1万~3万元	0	0	0
	3万~5万元	2	0.61%	0.61%
	5万~10万元	32	9.73%	10.34%
	10万元以上	295	89.67%	100%

资料来源：根据样本农户调查数据计算整理得到

（1）在调查的329户农户中，有247户不愿意承担联保责任，选择退出联保小组，即有247户农户选择大家都不还，占比75.08%，占农户总数的四分之三以上，认为有责任并愿意承担联保责任的，即愿意暂时垫付让同组农户慢慢还的农户仅有45户，占比13.68%，这表明愿意承担联保责任的农户比例很低，大多数农户为了逃脱联保责任而选择集体违约，退出联保小组。

（2）违约处罚包括金融机构对农户的处罚、社会约束的惩罚和丧失未来再贷款的途径导致的损失。在联保小组成立之初，金融机构已经告知农户会对其进行违约处罚，所有的联保小组均有违约处罚，占比100%。社会约束不足，法律惩罚不能有效地发挥作用（执法不力），导致违约处罚的存在及处罚的多少对农户是否违约几乎没有影响。

（3）随着手机等高科技通信工具的普遍使用，距离对人们来说似乎已经不是问题，但是调查发现，在329户调查农户中，选择了家庭之间的距离远会导致其退出联保小组的有196户，占比59.57%。随着农户的收入来源越来越多样化，农户的空闲时间越来越少，没有时间和精力监督同组的其他农户，所以家庭之间的距离对联保小组还是有一定影响的。

（4）联保成员异质性指的是联保小组成员之间的收入差异程度。本章以五户联保作为研究对象，因此假设联保小组农户人均年收入为 R_1、R_2、R_3、R_4、R_5，其中 $R_1 \geq R_2 \geq R_3 \geq R_4 \geq R_5$，相近为 $R_1 \leq 2R_5$，差异较大为 $5R_5 \geq R_1 \geq 2R_5$，差异很大为 $R_1 \geq 5R_5$。进入21世纪后，国家各项惠农政策逐步实施，农村经济呈现出快速、多样化的发展态势，农户的收入来源也表现出多样化趋势，收入差距逐渐拉大，农户之间的收入异质性趋势明显。在329户农户中，选择收入差异很大是影响其退出原因的农户有264户，占比80.24%。

（5）在社区内组织团体活动活跃程度方面，农村整体表现出活跃程度比较低，在329户农户中，295户农户所在社区基本不组织社区团体活动，占比89.67%，表明农户之间的互动比较少。

（6）家庭网络程度：本村同姓最多的农户占本村总农户数的比例。本章是以五个行政村的定点调查为基础，家庭网络程度分别为 0.389 2、0.652 6、0.333 3、0.329 4、0.213 8。占比分别为 37.39%、12.16%、12.77%、26.14%、11.55%。

（7）在调查中发现，系统信任与农户退出有相关性，在329户农户中，有224户农户选择系统信任，占比68.09%，表明社会约束不足，法律惩罚也不力。

（8）社区信任认同度以不信任为主，不一定次之。在所有329户样本农户中，分别有197户和91户选择了不信任和不一定，所占比例分别为59.88%和27.66%。由此看来农户的社区信任认同度整体不高，联保小组内组员之间也不信任，农户的退出风险很大。

（9）联保小组的存续期整体偏低，多数联保小组存续期不超过一年，在329户样本农户中，204户农户存续期小于等于1年，占比62.01%，109户农户存续期在1~2年，占比33.13%，由此可见大多数联保小组都存在存续期不长的现象。

（10）改革开放后，企业用工人数也增加，给农户提供了机会，有外出务工组员的联保小组占绝大多数。在329户样本农户中，组内外出务工比例大于等于70%的联保小组的成员有166户，占比50.46%，占比在50%~70%的有83户，占比25.23%。

（11）农户参与联保贷款，贷来的款项以服务于农业为主。在329户样本农户中，款项用于农业生产的有262户，占比79.64%，用于非农业生产的有35户，占比10.64%，用于消费（疾病、生活困难、子女上学、婚嫁、建房等）的有 32 户，占比 9.73%。用于消费的农户只有 9.73%，并不说明农户生活水平提高了，没有消费的贷款需求了，而是由于消费的贷款需求很难得到金融机构的满足，另外其他农户也不愿意与这样的农户组成联保小组。

（12）农户的家庭固定资产以 10 万元以上为主，这与北方人的生活习惯有关，北方的农户为了盖房子，一部分家庭是倾家荡产，把一辈子的积蓄都拿出来用于盖房子，还有一部分家庭由于自身资金不足，就找亲戚朋友借款，东拼西凑地盖房子，因此家庭固定资产价值相差不是很明显，然而农户之间的收入差异确实很明显，并且有逐渐加大的趋势。以样本调查点为例，孩子到了 10 多岁，农户就开始盖新房子，为孩子结婚准备，有钱的就直接盖，没钱的就借钱盖，所以农户的家庭固定资产差别不是很大，但是实际上有些农户有钱，有些欠债。在 329 户样本农户中，家庭固定资产价值在 10 万元以上的有 295 户，占比 89.67%，在 5 万~10 万元的有 32 户，占比 9.73%。

8.3　农村联保贷款中农户退出影响因素的计量检验

为了检验上述的理论假设，本节将使用二元选择的计量模型，来分析农村联保贷款中农户退出的影响因素；同时对计量模型所使用的变量与数据进行说明，而实际计量结果也将在本节进行阐述说明。

8.3.1　计量模型的选取及相关说明

农村联保贷款中农户是否退出（因变量）是一个二元选择变量，即退出或不退出，这样可以将退出或不退出赋值为 1 或 0。

影响联保贷款中农户是否退出的因素，可以从以下几个方面来考察：一是联保小组内部成员行动的变量；二是社区层面的影响变量；三是其他控制变量。诸如联保责任、违约处罚、联保成员之间的家庭距离、联保成员异质性、社区内组织团体活跃程度、家庭网络程度、信任模式、社区信任认同度、联保小组的存续期、外出务工的比例、贷款的主要用途、家庭固定资产价值等。

二元选择的 Logit 模型是 McFadden 于 1973 年首次提出的；在此基础上，Borsch-Supan（1987）认为，如果选择是按照效用最大化而进行的，则二元选择模型应该采用 Logit 模型。因此，本节的实证检验部分将使用 Logit 模型，对农村联保贷款中农户退出影响因素进行估计。其基本表达式如下：

$$Y_i = C + \beta_i X_i + \mu_i \tag{8-1}$$

其中，$i=1,2,\cdots,n$；Y 为虚拟因变量，其取值为 1 或 0，$Y=1$ 表示农户从联保贷款小组中退出，$Y=0$ 表示农户不从联保小组中退出；C 为常数项；β_i 为解释变量的系数；X_i 为解释变量；μ_i 为随机误差项。n 为农村联保贷款中农户退出的解释变量的个数，本章中 n 的取值为 12。

8.3.2 变量定义

上述模型中，在对农村联保贷款中农户是否退出的影响因素进行实证时，我们选择了 12 个解释变量，分别为联保小组的存续期（X_1）、贷款的主要用途（X_2）、家庭固定资产价值（X_3）、联保责任（X_4）、违约处罚（X_5）、联保成员之间的家庭距离（X_6）、联保成员异质性（X_7）、社区内组织团体活跃程度（X_8）、家庭网络程度（X_9）、信任模式（X_{10}）、社区信任认同度（X_{11}）、外出务工的比例（X_{12}）。各变量定义见表 8-3。

表 8-3 模型变量定义说明

变量		变量定义
被解释变量	Y	农户是否退出：退出=1；不退出=0
解释变量	X_1	联保小组的存续期：联保小组的存在年数
	X_2	贷款的主要用途：用于消费（疾病、生活困难、子女上学、婚嫁、建房等）=1；农业生产=2；非农业生产=3
	X_3	家庭固定资产价值：农户家庭所拥有的房产、车辆、农业生产设备等
	X_4	联保责任[1]：没有=1；有责任=2；暂时垫付，让他慢慢还=3；大家都不还=4
	X_5	违约处罚：不会=0；会=1
	X_6	联保成员之间的家庭距离：非常近，同村同组=1；较近，同村不同组=2；远，不全是同村=3
	X_7	联保成员异质性[2]：联保成员之间的收入差异程度
	X_8	社区内组织团体活跃程度：否=0；是=1
	X_9	家庭网络程度：本村同姓最多的农户占本村总户数的比例
	X_{10}	信任模式：人格信任[3]=0；系统信任[4]=1
	X_{11}	社区信任认同度：否=0；是=1；不一定=2
	X_{12}	外出务工的比例：联保贷款小组中外出务工人数占小组总人数的比例

1）联保责任是指联保成员之间的连带保证责任，入了联保小组的农户，都有为无力还款的农户承担连带责任的义务

2）联保成员异质性是指联保小组成员之间的收入差异程度，假设联保小组为五户联保，农户年人均收入为 R_1、R_2、R_3、R_4、R_5，其中 $R_1 \geqslant R_2 \geqslant R_3 \geqslant R_4 \geqslant R_5$，相近为 $R_1 \leqslant 2R_5$，差异较大为 $5R_5 \geqslant R_1 \geqslant 2R_5$，差异很大为 $R_1 \geqslant 5R_5$

3）人格信任是指在人与人交往中建立起来的，以情感联系为基础的一种信任

4）系统信任是指在人与人交往中以所受到的法纪制度、规范准则的约束和管制为基础的一种信任

8.3.3 计量结果与分析

运用 EViews 6.0 软件对样本调查数据进行回归分析，计量模型回归结果如表 8-4 所示。

表 8-4 计量模型回归结果

因变量		Y
估计方法		ML-Binary Logit
样本数		329
$Y=1$		296
$Y=0$		33
自变量	X_1	−2.275 147*** （−6.339 664）
	X_2	0.046 069 （0.070 632）
	X_3	0.041 417 （1.073 490）
	X_4	1.650 574*** （6.313 411）
	X_5	0.662 409 （0.817 655）
	X_6	2.208 290** （3.742 890）
	X_7	2.839 010*** （6.678 991）
	X_8	−0.305 441 （−0.249 939）
	X_9	2.044 696 （0.969 738）
	X_{10}	3.225 279** （5.670 391）
	X_{11}	−0.641 247** （−2.572 958）
	X_{12}	−1.887 163 （−2.093 017）

***、**、*分别 1%、5%、10%显著水平
注：括号内数字为 Z 统计值

从表 8-4 的估计结果来看，可以发现：

（1）联保成员之间的异质性（X_7）对联保贷款农户是否退出有正向影响，且在 1%水平上显著，该结果与理论假设 8-1 相一致。说明联保小组成员之间收入水平差异程度越大，即农户之间异质性越明显，农户退出的风险越大。联保小组农户之间的异质性对农户退出有正向影响。农户之间同质性越强即成员之间收入差异越小，退出的风险越小，异质性越强即成员之间收入差异程度越大，退出的风险越大。因此，联保农户之间的异质性是农户退出的一个重要影响因素。

（2）联保成员之间的联保责任（X_4）对联保农户是否退出联保小组有正向影响，且在 1%的水平上显著，这与理论假设 8-2 相符合。随着市场经济的发展，农户之间的信任度已经下降了很多，农户的经济意识越来越强，大家都不愿

用自己辛辛苦苦挣来的钱来冒风险，他们不愿意为同组其他农户承担联保责任，主要是怕其他农户赖账，不还钱，再加上社会约束不足，道德风险和逆向选择的存在，所以一个联保小组如果有一个农户违约，其他成员就会选择"搭便车"而违约，因此大家都选择4选项（大家都不还），由此说明当前农户的违约风险很高。另外，借款农户很不喜欢由"联保责任制"带来的紧张状态。联保小组农户之间的过度紧张气氛不仅能导致借款农户的退出，甚至可能破坏联保农户之间的社会资本，而这些对于联保贷款安全网的存在有着显著的影响。因为信用状况较差的借款农户可能会出现"搭便车"行为，即当其认为其他参与联保的农户会为其偿还借款时，便有可能恶意违约，而金融机构并不能觉察到这一点。相反，对于信用状况较好的借款农户来说，"联保责任制"会增加其成本，经常被要求为其同联保小组成员承担联保责任的可能性容易导致这类农户较高的退出率与吸引新客户难度的增大。

另外，由于联保贷款规定的期限和政策规则不灵活，如联保贷款的订立期限为一年，还款不得跨年度，这与农户的季节性生产不相适应，某些农户到期无法还款，同时在到期该还款时，如果有一个农户拖欠，同组其他农户必须承担联保责任，或者有农户因经营失败拖欠时，同组其他农户要么承担联保责任，要么违约退出，农户都不愿意承担联保责任，导致联保小组集体违约，退出联保小组。

（3）社区信任认同度（X_{11}）对联保农户是否退出有负向影响，且在5%水平上显著，这与理论假设8-3相符合。说明农户的社区认同度越高，农户之间越信任，他对名誉和信誉越重视，违约对他来说成本太高，社会惩罚大于总收益，所以社会约束有效，其违约风险很低，反之，对于社区认同度低的农户，即其他农户对其不信任，名誉也不好，违约成本很低，因此，他的违约风险就很高。

（4）信任模式（X_{10}）对联保农户是否退出有正向影响，在5%水平上显著，这与理论假设8-4相符，即系统信任不足（社会约束不足，法律惩罚失效）致使农户违约风险增大。说明社会约束不足，法律惩罚失效，使得农户对系统信任不重视，违约风险增大，而人格信任关系到农户在街坊邻里中的地位及在农村的生活成本，违约风险相对小些。联保贷款小组成员为违约成员承担联保责任所获得的社会收益越大，违约成员所受到的社会惩罚越大，农户的还款意愿就越高；当地的信用环境越好，即农户之间的系统信任越高，农村联保贷款中农户违约的风险就越小。

（5）联保成员之间的家庭距离（X_6）对联保农户是否退出有正向影响，在5%的水平上显著，说明随着家庭距离变大，监督成本越来越高，农户退出的风险越来越大，这与理论假设8-5相一致。社区内组织团体活跃程度（X_8）对农户是否退出有负向影响，但不显著，说明社区组织活动越频繁，农户之间的联系越多，相互之间越信任，越不容易退出。

（6）联保小组的存续期（X_1）对农户是否退出有负向影响，且在 1% 的水平上显著，说明联保小组的存续期越短，农户越容易退出，联保小组的存续期越久，农户越不易退出。农户贷款的主要用途（X_2）对农户是否退出有正向影响，但在 10% 水平不显著，说明贷款用于商业活动的农户更容易违约或退出。家庭固定资产价值（X_3）对农户是否退出有正向影响，但不显著。对于北方的农村来说，家庭固定资产价值不能真实地反映农户的家庭收入，只是农户家庭资产的外在表现。违约处罚（X_5）对联保农户是否退出有正向影响，但不显著。家庭网络程度（X_9）对农户退出有正向影响，但不显著。外出务工的比例（X_{12}）对联保农户是否退出有负向影响，但不显著。

8.4　结论与启示

针对农村联保贷款中农户违约事件，本章首先基于联保贷款的理论分析，提出农村联保贷款中农户违约退出的理论假设：①联保农户之间同质性越强，退出联保小组的风险就越小；异质性越强，退出的风险就越大。②由于社会约束的失灵，农户退出联保小组的风险会由于联保责任的存在而加大。③社区信任认同度越高，农户的违约成本越高，违约风险就越低。反之，违约风险就很高。④社会约束失灵、（法律执行不力导致的）法律失效、农户征信体系缺乏，信任模式的缺失导致农户违约风险很大。⑤联保农户之间的家庭距离与监督成本呈正相关关系，距离越远，农户退出的风险越大。

其次，运用二元选择的经济计量模型，对河南省开封市××镇农户的调查数据进行实证分析，计量结果显示出与理论假设的一致性。即农户的异质性（农户之间收入的差异程度）是影响联保农户退出的因素，农户之间的收入差距越大，农户退出的概率越大。联保小组的存续期、联保农户之间的联保责任是影响农户退出与否的重要因素，联保小组的存续期越长，农户之间的家庭距离越近，他们之间越信任，监督成本就越低，社会约束就越强，相应的联保小组农户的收益就越高，农户的退出概率就越小。违约惩罚（道德惩罚、法律惩罚等社会约束）的轻重、替无力还款农户承担联保责任所获得的收益（社会收益和农户对未来获得再贷款价值的评价）的大小以及信贷市场的完善程度决定了农户是选择承担联保责任维持联保小组的存续还是选择违约退出。联保小组农户替违约农户承担联保责任所获得的收益越大、违约农户所受到的惩罚越重、信贷市场越完善，担保农户的利益越能够得到保障，农户违约风险就越小，则联保小组成员就越不容易退出。因此，联保小组成员之间的联保责任是影响农户退出的重要因素。这种现象是由当下我国农村地区个人诚信体系缺位、信贷市场不完善、社会约束力不强、社会惩罚和法律惩罚失效，导致农户违约成本较低造成的。这种情况下假如有一个农户因无力还款或者不愿意还款而出现违约行为，其他担保农户除了获得名誉、诚信方面的收益以及未来贷款可获得性增加等收益外，并没有获得经济上的实质收益，却还要承担联保责任，经济上得不偿失，使得农户退出的概率很大。

基于以上结论，其政策启示在于：第一，结合信用乡镇建设，增强农户的信用观念，进而增强农户之间的"信任"程度，增加农户的违约成本，结合当前的信用村镇建设，让农户明白信用的重要性；加强农村信用文化的宣传，可以通过农村金融机构对按时还款的借款农户进行宣传与表扬，从而让更多农户了解到及时偿还贷款所带来的未来融资便利，而对于违约的农户，公之于众，通过反面宣传来强化农户的信用意识。第二，加大违约惩罚力度（亦可称作社会约束力度），提高农户违约的门槛，加大农村联保贷款的法律清收力度，将行政惩罚与法律惩罚更好地结合，提高农户的违约成本。法律执行难可以说是农村联保贷款中农户退出的一个很重要的因素，是实现农村联保贷款可持续发展必须克服的一大难题，农村金融机构经常是打赢了官司却得不到补偿，农户违约得不到应有的惩罚，这对借方、贷方及担保农户造成了不同的恶性影响——借款农户增加违约的可能性，担保农户不愿承担联保责任，农村金融机构不愿发放贷款，守信农户不愿继续守信。这样，一方面，需要加快制定与完善相关法律法规，加大法律的清收力度；另一方面，可以依托当地的乡（镇）、村行政机构，对违约农户适当施加一些行政处罚，如一旦出现恶意违约情形，则延迟这些违约农户所享受的乡（镇）、村福利等。第三，建立和完善社会征信体系，抑制道德风险的发生，降低农户的违约风险。金融机构应该大力完善农户和联保小组的信用档案，建立和完善农村征信法律制度；建立统一的农户信用信息基础数据库，以采集、储存农户信用信息，并将其纳入征信体系范畴。

第9章 合约履行机制变动对信贷资金配置的影响
——来自农村调查数据的实证研究

对于发展中国家的许多农村地区而言,农村发展所面临的一个关键性约束条件,就是许多农户普遍缺乏正规信贷资源的支持。在农村信贷市场上,借贷双方之间的信息不对称所引起的逆向选择与道德风险问题,是许多农户不能获得正规信贷资源的一个关键因素,即由于农村信贷市场普遍存在着信息约束,贷款人不仅很难收集到有关借款人特征、风险偏好、还款意愿及能力等方面的信息,而且监督借款人的贷款使用情况更难。

然而,由于获取信贷市场信息、设计贷款合约及履行贷款合约均需要付出成本,故贷款人将依据其自身信息禀赋状况、借款人特征与还款意愿及能力等方面因素,对贷款合约中的甄别、监督与合约履行机制等关键性要素进行安排,设计出满足双方需要的贷款合约。因此,正规贷款组织(如商业银行)主要运用标准的信息来甄别借款申请人,审查财务报表、定期检查借款人,以及依据正式法律机制保证信贷合约履行;相反,非正规贷款人(如储金会、钱背和私人钱庄等)运用各种创新方法向潜在借款人扩展信贷,如利用人格化的信息无(低)成本甄别与监督借款人,通过道德机制、(双边或多边)信誉机制等私人治理机制方式来保证合约履行的实现。因此,由于甄别、监督与合约履行机制等差异,正规与非正规贷款合约设计及治理表现出诸多差异。这样,在农村信贷市场上,不同贷款人结合自身比较优势,选择相应的贷款合约,将贷款提供给农户;或者将两类贷款人的比较优势结合起来,向一些边缘性借款人提供贷款。在农村信贷市场上,非正式贷款安排如团体贷款,就是一项解决农户不能获得外部金融资源问题的借贷制度安排,即如何利用本地信息优势来抵消道德风险与逆向选择问题,从而保证农户能够获得外部融资。理论研究成果表明团体贷款可以有效利用本地信息,进而提升信贷市场的绩效(Besley and Coate,

1995；Arnott and Stiglitz，1991；Stiglitz，1990）。对该项借贷制度持积极态度的乐观派认为：团体贷款能持续向穷人提供金融服务，因此，团体贷款项目可以引入不同类型的发展中国家（Wenner，1995；Wydick，1995）。

对于团体贷款安排而言，其仅仅是根据借款申请人自身、家庭和社区等特征变量，系统地运用信息和经济激励办法，设计出适宜于借款人的借贷合约，从而克服了借贷双方的信息不对称和合约履行问题。除此之外，在农村信贷市场上，还有其他借贷制度安排——金融联结，即通过某种途径将正规金融的资金优势和非正规金融的信息优势结合起来，从而更好地向农村地区提供金融服务；正规金融机构同农村社区某一非正规金融中介签订合约，并以此利用非正规金融组织向农户发放、回收贷款，这样正规金融机构能利用非正规金融组织的比较优势（在甄别贷款申请、监督贷款使用和履行贷款合约方面）。在一个严格的理论推导框架下，Fuentes（1996）证明了正规贷款人可以制订一个补偿计划（贷款偿还的奖励和贷款违约的惩罚），该计划能够诱导非正规贷款人正确地甄别、监督借款人，以及有效履行合约。Varghese（2005）从理论上将正规金融与非正规金融的联结合作和竞争相比较，结果发现通过金融联结，银行（正规贷款人）不仅可以向高收入者提供贷款，还能向低收入者提供信贷。Chaves（1996）列举印度尼西亚的例证，说明非正规贷款人能够被用来有效发放农村贷款。Warning 和 Sadoulet（1998）的理论分析表明，在不同的贷款合约履行机制下（不同的违约惩罚），非正规贷款人代理正规金融机构配置信贷资金过程中，其从事的贷款甄别和监督行为是有差异的，即非正规贷款人配置信贷资金行为敏感于两者所签订的补偿计划（贷款偿还的奖励和贷款违约的惩罚）。武翔宇（2008）在 Fuentes（1996）理论模型基础上，提出了农村金融联结的制度设计。田霖（2008）在实证分析基础上，也提出了通过统筹联通方式来重构农村金融体系。米运生等（2013）对农村金融市场微观结构进行了分析，推导出正规金融与非正规金融建立金融联结的微观机理。

然而，上述这些关于金融联结的研究文献，要么仅仅集中于纯理论分析（如Fuentes、Varghese、武翔宇），要么仅仅分析金融联结的可行性、类型与方式等（如 Chaves、Gonzalez-Vega、田霖），存在着理论分析与实证检验的脱节。虽然 Warning 和 Sadoulet（1998）的研究既有理论分析，又有实证检验，但其实证检验模型所使用的变量过于简单，忽视了信贷合约模型中的履约特征变量。因此，针对以上的研究缺憾，本章在 Warning 和 Sadoulet（1998）、Fuentes（1996）的理论研究基础上，运用重庆市农户借贷的调查数据，实证分析农村金融联结下的合约履行机制变动对信贷资金配置的影响。

本章结构安排如下：在 9.1 节的理论模型中，基于 Warning 和 Sadoulet（1998）、Fuentes（1996）的理论框架，确立一个金融联结下的信贷资金配置模型，在农村信贷市场上，正规金融机构设计一个补偿计划（贷款偿还的奖励和贷款违约的惩罚），非正规金融组织接受并依据这个补偿计划来配置信贷资金，理论分析显示出：在金融联结机制下，贷款违约的惩罚力度将对信贷资金配置策略产生重要影响。9.2 节描述了本章研究的计量模型、变量与样本数据。9.3 节的估计结果揭示出，在不同惩罚力度下，贷款人发放贷款时，会调整信贷资金配置策略，从而也会改变对潜在借款人特征的关注内容。9.4 节进行总结。

9.1 金融联结下的合约履行机制变动机理

在发展中国家或地区的农村信贷市场上，虽然正规金融机构具有资金优势，但由于普遍存在着信息约束，参与借贷的双方存在严重的信息不对称，因而，正规金融机构仍然无法将信贷资金配置给广大的农户或农村小企业。而根据 Varghese（2005）、Fuentes（1996）、Warning 和 Sadoulet（1998）的理论分析，在此情形下，正规金融与非正规金融可以进行合作（金融联结），从而将正规金融的资金优势与非正规金融的信息优势结合起来。因此，本章设定：为了向潜在借款人（农户或农村小企业）配置信贷资金，具有资金优势的正规贷款人（农村商业银行）制订一个补偿计划（贷款偿还的奖励和贷款违约的惩罚），而具有信息优势的非正规贷款人[①]接受上述补偿计划，并依据这个补偿计划向潜在借款人（农户或农村小企业）配置信贷资金。

于是，资金互助社、农民专业合作社等非正规贷款人就从农村商业银行获得了数量为 $K(K \geq 0)$ 的信贷资金，依据合同规定，非正规贷款人将资金 K 分配到社区中的借款农户或农村小企业。给定借款人也许偿还或不偿还贷款，则偿还贷款的概率 ϕ 是关于偿还特征 R 的函数（偿还特征 R 包含偿还意愿特征和偿还能力特征），即 $\phi = \phi(R)$（其中 $0 \leq \phi \leq 1, \phi_R > 0$）。市场信息在贷款环境中自由流动，且非正规贷款人与其他社区成员一样了解有关潜在借款人偿还特征 R 的价值。

在某一借款人发生违约时，非正规贷款人将负责这笔未偿还的贷款，然而，这种债务中的一部分可能会得到谅解（如延期偿还、减免部分利息等）。从非正

[①] 这里的非正规贷款人类似于 Fuentes、Warning 和 Sadoulet 分析中的乡村中介，如钱背、资金互助社、农民专业合作社等。从中央货币当局或者金融市场当局监管角度看，钱背、资金互助社仍然是非正规贷款人；而农民专业合作社存在多种类型：生产互助、技术互助、市场营销互助和资金互助等，但本章不想过多强调其差异，而主要针对资金互助性质的合作社，并近似地将其看作非正规贷款人。

规贷款人角度来讲，债务中的可谅解部分 β[①]是外生的。由于非正规贷款人是农村社区的成员，以及根据补偿计划的规定，非正规贷款人必须承担剩余未偿还部分，从而因为借款人违约而失去正规贷款人所给予的奖励。如果非正规贷款人贷款给一个已知不良风险的借款人（即 R 变量价值较低的借款人），则非正规贷款人行为被其他社区成员认为是不负责的，因为这样会影响正规贷款人对本社区的未来信贷合作。因此，非正规贷款人对借款人违约要施加一定的惩罚，以 P 代表借款人违约时非正规贷款人所实施的惩罚。P 是关于贷款数量 K、债务可谅解部分 β 和借款人偿还特征 R 的函数，即 $P = m(\beta,R) \cdot K$，$m_\beta < 0, m_R < 0$，同时，还假定 $\dfrac{\partial}{\partial \beta}\left(\dfrac{m_R}{m}\right) > 0$。

在农村经济领域内，正规信贷资源是稀缺性资源，因而是配给型商品，也更是非正规贷款人贷款资金的主要来源。因此，当非正规贷款人向个人发放贷款时，他期望从中获取收益。这种收益可能是经济、政治方面的，也可能是社会方面的，且形成了非正规贷款人回收贷款的义务。非正规贷款人通过选择性发放贷款来增加归属于其本人的义务存量，同时，这种义务存量也构成了非正规贷款人发放贷款所获得的一项重要收益来源。对于不同的借款人，贷款人所获得的贷款收益存在着差异，但总体上这种收益都是关于借款人履约特征[②]B 和贷款数量 K 的函数。现在，设定（与向借款人发放贷款相关的）非正规贷款人义务存量的变动为 Ω，于是存在 $\Omega = \Omega(B,K)$，并且假定这一函数满足 $\Omega = \Omega(B,K) = f(B) \cdot g(K)$（$f_B > 0, g_K > 0, g_{KK} < 0$）。另外，当借款人违约时，非正规贷款人的收益也会受到影响，这种受影响收益的预期值可以表示为 $E(I) = -[1-\phi(R)] \cdot m(\beta,R) \cdot K$。这样，非正规贷款人从其收益和归属其义务中获取效用，其效用最大化问题就是决定如何将贷款发放给特征为 R 和 B 的借款人，即

$$\max_K U = E(I) + \Omega \qquad (9\text{-}1)$$
$$\text{s.t. } E(I) = -[1-\phi(R)] \cdot m(\beta,R) \cdot K$$

[①] 债务中的可谅解部分 β 与贷款违约惩罚力度 P 高度负相关。如果违约惩罚力度 P 较高，则借款人必然加大贷款偿还力度，最终引起 β 值下降；如果违约惩罚力度 P 较低，则借款人疏忽贷款的偿还，从而导致 β 值上升。

[②] 如果签订借贷合约后，借贷合约所确定的行动结果（按期偿还本金与利息）不能得到有效的履行，则任何事前的合约均将变成一张废纸，因此，借贷合约的履约机制能帮助借款人对其违约责任负责。一般来讲，正规金融机构通常利用法律强制手段，或者出售借款人的担保品等方式，保证借贷合约的有效履行。对于非正规金融贷款人来讲，他们更多地利用关联交易、社会道德或声誉机制等非正规制度约束，来促进借贷合约有效履行，而这种非正规制度约束更可能具有地理位置属性（或者说，更多地取决于某一具体地理位置的社会、文化和政治环境等因素）。

$$\Omega = f(B) \cdot g(K), \ K \geq 0$$

进一步，有

$$\max_K L = -[1-\phi(R)] \cdot m(\beta,R) \cdot K + f(B) \cdot g(K) + \mu \cdot K$$

由库恩-塔克条件，可以得出

$$K \cdot \{-[1-\phi(R)] \cdot m(\beta,R) \cdot K + f(B) \cdot g(K) + \mu\} = 0$$

$$K \geq 0, \mu \geq 0$$

因为内点解 $\mu = 0$，则可以得出

$$[1-\phi(R)] \cdot m(\beta,R) = f(B) \cdot g_K(K)$$

上式表明了非正规贷款人所面临的权衡，即非正规贷款人发放贷款的临界点是贷款的边际义务收益等于（贷款违约发生时的）边际惩罚。假定：非正规贷款人通过贷款违约惩罚力度和借款人偿还特征及履约特征变量来确定贷款配置策略（贷款规模），即 $K^* = K^*(\beta,R,B)$。于是有

$$K^* = G\left\{\frac{[1-\phi(R)] \cdot m(\beta,R)}{f(B)}\right\}, \ G(\cdot) = g_K^{-1}(\cdot)$$

求关于 R 和 B 的全微分，则有

$$\frac{\partial K^*}{\partial R} = G' \cdot \frac{-\phi \cdot m + (1-\phi) \cdot m_R}{f}, \frac{\partial K^*}{\partial B} = -G' \cdot \frac{(1-\phi) \cdot m \cdot f_B}{f^2}$$

当贷款规模 K 确定时，借款人偿还特征 R 与借款人履约特征 B 的相对值就可以写成：

$$\frac{\partial K^*/\partial R}{\partial K^*/\partial B} = \left(\frac{\phi_R}{1-\phi} - \frac{m_R}{m}\right) \cdot \frac{f}{f_B}$$

上式比例是关于债务可谅解水平（β）的减函数，即

$$\frac{\mathrm{d}}{\mathrm{d}\beta}\left(\frac{\partial K^*/\partial R}{\partial K^*/\partial B}\right) = -\frac{f}{f_B} \cdot \frac{\partial^2 \lg m}{\partial \beta \cdot \partial R} < 0 \tag{9-2}$$

即当可谅解债务 β 增加时，在非正规贷款人确定贷款配置时，他对偿还变量 R 赋予相对较少的权重，而对履约变量 B 赋予相当高的权重。

这种结果可以通过图 9-1 更清晰地描述。给定债务可谅解部分 β，用贷款配置策略 $K^* = K^*(\beta,R,B)$ 作出贷款等量曲线 [在 (R,B) 二维空间]。近似地采用线性配置策略（也可以采用非线性配置策略），即 $K^* = K^*(\beta,R,B) = c(\beta) + \lambda_R(\beta) \cdot R + \lambda_B(\beta) \cdot B$，且设定 $K = k_0$，则曲线斜率就是 $-\lambda_R/\lambda_B = -[(\partial K)/(\partial B)]/[(\partial K)/(\partial R)]$。通过比较高惩罚力度（低 β 水平）和低惩罚力度（高 β 水平）的配置策略，来分析惩罚力度（债务可谅解水平 β）变动

对贷款配置策略的影响。高惩罚力度下的贷款配置策略 $K^h(\beta^h, R, B)$、低惩罚力度下的贷款配置策略 $K^l(\beta^l, R, B)$ 分别表述如下：

$$K^h(\beta^h, R, B) = c^h + \lambda_R^h \cdot R + \lambda_B^h \cdot B, \quad K^l(\beta^l, R, B) = c^l + \lambda_R^l \cdot R + \lambda_B^l \cdot B$$

由式（9-2）可知，如果降低借款人贷款违约时的期望惩罚力度（即 β 值增加），则贷款等量曲线 $K = k_0$ 向左下方移动，如图 9-1 所示。

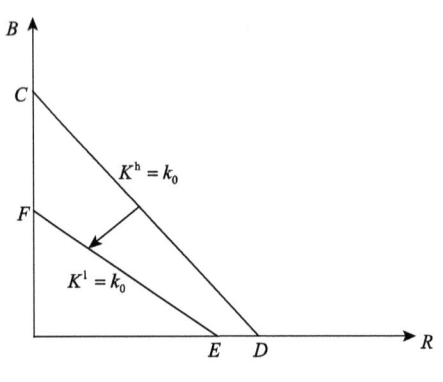

图 9-1 β 增加的影响

从图 9-1 可看出，当 β 增加时，曲线斜率由陡峭变为平缓（即 $-\lambda_R^h/\lambda_B^h > -\lambda_R^l/\lambda_B^l$），此时意味着非正规贷款人对偿还特征 R 的赋值相对于履约特征 B 低一些（也就是讲，相对于偿还特征 R，赋予履约特征 B 的值较高）；如果 $k_0 = 0$，则具有 (R, B) 特征的借款人在 $CDEF$ 区域获取贷款。

事实上，在比较理想的情形中，仅有借款人偿还特征 R 才能进入配置策略中（即 $\lambda_R > 0, \lambda_B = 0$），此时贷款等量曲线将是垂直的（$\lambda_R/\lambda_B \to \infty$），因为从贷款人角度看，借款人的偿还意愿和能力变量是决定发放贷款数量的最佳参照因素。当惩罚力度下降（β 值增加）时，非正规贷款人可能忽视借款人偿还特征变量的甄别和监督，而更加注重履约特征方面的甄别和监督，进而导致贷款等量曲线较平缓（即 $-\lambda_R^h/\lambda_B^h > -\lambda_R^l/\lambda_B^l$）。相应地，极端的情形可能有两种：在极高惩罚时期的偿还特征曲线（即垂直曲线，此时 $\lambda_R^h > 0, \lambda_B^h = 0$），以及没有惩罚时的履约特征曲线（即水平曲线，此时 $\lambda_R^l = 0, \lambda_B^l > 0$）。综合以上分析，可以得出以下命题。

命题 9-1：在金融联结机制下，给定借款人的违约率，则贷款违约的惩罚力度将对信贷资金配置策略产生重要影响，即当违约惩罚力度比较高（低 β 水平）时，非正规贷款人更加注重借款人偿还特征方面的甄别和监督；相反，当违约惩罚力度比较低（高 β 水平）时，非正规贷款人更加注重借款人履约特征变量的甄别和监督。

因此，从该理论命题可以看出：在借贷双方存在着信息不对称的农村信贷市场上，通过金融联结方式，可以将正规金融的资金优势与非正规金融的信息优势结合起来；在金融联结机制下，非正规贷款人所实施的违约惩罚力度将对信贷资金配置策略产生重要影响：如果违约惩罚力度比较低，则非正规贷款人更加注重有关借款人履约特征变量的甄别和监督，而可能忽视有关借款人偿还特征方面的甄别和监督；相反，非正规贷款人就注重有关借款人偿还特征方面的甄别和监督，而可能忽略有关借款人履约特征变量的甄别和监督。进而，该命题亦构成了本章计量分析的理论基础。

9.2　计量模型、数据与变量说明

9.2.1　计量模型

计量分析目的就是验证上述命题，即验证在金融联结机制下，非正规贷款人在高惩罚力度和低惩罚力度下所运用的贷款配置策略。本章没有直接观察到惩罚情况，而是观察到非正规贷款人在高惩罚力度和低惩罚力度情形下的贷款决定，通过所观察的贷款行为来估计非正规贷款人的贷款配置策略。

计量分析所使用的数据包括两个时点（2011年和2012年）所观察的个人和社区特征、（高惩罚和低惩罚下）贷款配置数量，综合运用这两个时期的数据，用下面估计模型来检验：

$$K_{it} = a_1 + a_2 \cdot y_t + \boldsymbol{b}_1 \cdot R_i + \boldsymbol{b}_2 \cdot y_t \cdot R_i + e_{it} \qquad (9\text{-}3)$$

其中，K_{it} 为借款人 i 在 t 时期所获得的贷款量；y_t 为年哑变量（$y_t = 0$ 代表高惩罚年份，$y_t = 1$ 表示低惩罚年份）；R_i 表示个人 i 特征进入非正规贷款人配置策略的特征变量（如偿还特征、履约特征等变量）；a_1、a_2 为标量参数；$\boldsymbol{b}_1$、$\boldsymbol{b}_2$ 为参数向量；e_{it} 为家庭的时间误差项。使用 Tobin 模型对借款数据为 0 的内容进行截取。

在模型（9-3）中，非正规贷款人贷款配置策略由参数向量 $\boldsymbol{\beta}^h = \boldsymbol{\beta}$（高惩罚情形）和 $\boldsymbol{\beta}^l = \boldsymbol{\beta} + \delta$（低惩罚情形）所表示，分别以 β_R、β_B 代表偿还特征和履约特征的参数；高惩罚下的配置策略由参数 β_R^h、β_B^h 表示，而低惩罚下的配置策略由参数 β_R^l、β_B^l 表示。

9.2.2 数据来源

实证分析所使用的 113 个数据来源于课题组进行的抽样调查[①]，被抽到调查的农户均属于重庆市"××李子专业合作社"的社员，这些社员在当地主要以种植李子而获取经济收入。2009 年 10 月重庆市"××李子专业合作社"，通过镇政府、区农业局和重庆农村商业银行（区支行）协商，确定以"××李子专业合作社"为联结载体，农村商业银行通过这个载体向李子种植户发放贷款。

正如表 9-1 所示，样本农户年均收入近 7 000 元，农户之间的收入差异较大（最低家庭年收入仅为最高家庭年收入的三分之一），财富差异也较大（以房屋价值来测定，则房屋价值从 8 263.5 元波动到 85 236.8 元）。

表 9-1 样本农户的主要特征（n=113）

	变量	样本均值	样本标准差	最小值	最大值
农户特征	农户家庭规模/人数	4.9	2.7	3.1	5.6
	年均净收入/元	6 890.5	2 235.2	4 688.9	13 515.6
	谷物与牲畜收入/元	3 800.2	980.6	1 249.4	5 214.6
	农户经营土地面积/亩	2.8	0.8	1.5	8.9
户主特征	年龄/岁	48.3	15.8	27	75
	成为户主的时间/年	21.6	12.8	1	50
	正式教育年限/年	7.0	2.8	0	12
	房屋价值/元	12 166.5	1 258.1	8 263.5	85 236.8
	户主的非农收/元	2 815.6	1 254.5	0	5 633.9
贷款渠道	非正规贷款/元	6 516.5	453.2	0	11 000
	正规贷款/元	2 067.3	635.7	0	20 000
	其他渠道/元	936.8	185.4	0	5 000
	总计/元	9 520.6	1 274.3	0	36 000

资料来源：课题组的调查与整理
注：1 亩 ≈ 666.7 平方米

[①] 课题组分别在 2011~2012 年寒假和 2012~2013 年寒假，选取了重庆市"××李子专业合作社"所属的社员农户，进行抽样调查。具体抽样如下：对该专业合作社所涉及的行政村，随机抽取 4 个行政村，分别在这 4 个行政村中随机选取 40 户社员（两次均相同），这样就抽取了 160 户样本农户（160 份问卷调查），对回收的问卷进行甄别等处理，第 1 次（2011~2012 年寒假）实际得到有效问卷 113 份，第 2 次（2012~2013 年寒假）实际得到有效问卷 119 份。因为两次抽取的样本农户均相同，所以就以最少有效问卷（113 份）为基准，取两次 113 的平均值，从而得出最终的 113 份调查结果。

调查数据显示几乎所有农户主均从事过借贷：81 个受访者通过非正规贷款渠道借款，12 个受访者通过正规贷款渠道获得借款，23 个受访者进行过李子生产的正规渠道借款和非正规渠道借款，仅有 7 个受访者没有进行过正规与非正规借贷。正规贷款渠道就是农户直接从重庆农村商业银行（区支行）获得贷款，而非正规贷款主要是农户通过金融联结贷款渠道而获得的贷款。从表 8-1 中的社员农户（从各个贷款渠道）获得平均贷款额度可以看出，仅有 16%的李子生产贷款是直接通过重庆农村商业银行（区支行）获得的，而近 70%（68.45%）的李子生产贷款来自金融联结贷款渠道。

调查数据包括两个李子水果生产季节（2011 年和 2012 年李子生产季节），从而代表了非正规贷款人两种不同的惩罚机制：第 1 季节是 2011 年李子生产时期，2011 年李子生产季节属于非正常年份（灾害年份），由于连续雨水和病虫害，许多社员农户的李子产量大幅下降，经济损失严重，许多社员偿还贷款困难，于是受损严重的一些社员农户认为不能按照正常年份标准来偿还贷款，要求合作社修改部分贷款偿还要求（如要求延期偿还贷款、减免部分贷款利息等），并且要求镇政府给予资金支持和帮助等，最终借贷合约做了一些有利于这些受损社员农户的修改，因此，2011 年李子生产季节代表了低惩罚时期；第 2 季节是 2012 年李子生产时期，该季节是正常年份，从而代表了高惩罚时期。

9.2.3 变量说明

在回归方程（9-3）中，总计包含 13 个解释变量，它们分为三类：偿还特征变量、履约特征变量和偿还/履约特征变量，每一个变量选择的策略由以下分析给出，表 9-2 给出了这些变量的描述性统计。

1. 偿还特征变量

农户偿还贷款的可能性是关于其偿还能力与给定偿还能力下偿还意愿的函数，偿还贷款的能力取决于：一是使用该贷款所产生的收益，二是运用其他资源的偿还能力。在李子生产信贷情形下，贷款收益由农户李子种植的生产能力所决定，如果借款人能够获取更多的生产要素，如劳动（人力和畜力）和土地，则其获得收益将更高。在本章中，使用 4 个变量来表述农户李子种植贷款的可能收益：①社员农户李子种植面积；②农户家庭 16~55 岁的男性劳动力；③社员农户家庭的大型牲畜数量（主要是指牛马等大型牲畜，不包括鸡、鸭等小型家禽）；④李子种植的平均产出。

给定社员农户偿还能力条件下，农户偿还贷款的意愿可以反映在该农户的声誉特征上。因为难以获得准确的贷款记录，所以求助于一些主观判断，即所收集的声誉测定是"诚实""工作习惯""借款习惯"。在实际调查中，大量的工作是访谈观察村的非正规贷款人，以评估样本农户主有关这方面的测定，然后，根据不同调查的平均得分差异确定。在本章中，我们使用"诚实"变量作为农户声誉的有效测定，从而间接测定社员农户偿还贷款的意愿。

表 9-2　计量分析所使用的变量特征

变量	样本平均值	样本标准差	最小值	最大值
偿还特征变量				
（1）社员农户李子种植面积/亩	1.56	0.34	0.61	5.3
（2）农户家庭 16~55 岁的男性劳动力/人	1.6	1.8	1.0	4.0
（3）社员农户家庭的大型牲畜数量/头	2.3	1.6	0	7
（4）李子种植的平均产出（千克/亩）	627.0	162.4	412.3	1 053.0
（5）"诚实"（与被调查人员均值的差异）	−0.5%	16.3%	−36.5%	20.8%
履约特征变量				
（6）是否为专业合作社主要负责人的亲戚（是=1）	21%	—	—	—
（7）是否为本村的村干部（是=1）	15%	—	—	—
（8）是否为本村的"老"居住户（超过样本中间值，是=1）	62%	—	—	—
偿还/履约特征变量				
（9）非农收入/元	3 015.6	1 168.5	0	6 753.9
（10）所拥有牲畜的价值/元	3 600.2	761.8	849.4	8 814.6
（11）成为农户主的年限/年	21.6	12.8	1	50
（12）李子林位于合作社办公地点周围（是=1）	5%	—	—	—
（13）合作社的理事会成员（是=1）	16%	—	—	—

资料来源：课题组的调查与整理

另外，对于李子生产较差的社员农户，其偿还贷款的能力可能主要来自非农收入和流动性资产的拥有量。当然，还有几种方法用来测量非农收入与财富，但是这些内容可以包括在履约特征变量中，因此，这方面的因素将在下面的"偿还/履约特征"变量中分析。

2. 履约特征变量

在农贷市场上，许多履约特征变量更可能是与某一具体地理位置相关联的，且取决于该具体地理位置的社会、文化和政治环境等因素；同时，许多可以作为履约特征变量的候选变量（如财富）是极具偿还特征的，这些将在"偿还/履约特征"变量中分析。这样，本章从能够体现履约特征的地理位置属性角度，来确定以下三个履约特征变量：①是否为专业合作社主要负责人的亲戚。事实上，血缘关系在乡村社会的组织中处于中心位置，它在使家庭成员履行义务中极其重要；亲戚之间相互作用的重复博弈属性和（家庭成员所承受的）社会压力使得来自亲戚贷款的履约收益高于非亲戚的，因此，本章使用了专业合作社主要负责人的亲戚作为哑变量（如果是专业合作社主要负责人的亲戚，该哑变量就取 1）。②是否为本村的村干部。一方面，村干部能够支配一些村社的公共资源，进而对农村社区影响较大；另一方面，因为社区工作需要，村干部长期同乡镇政府的干部进行互动，由此积累了许多"关系"资源，在本地也是"小有名气"，因此，村干部不但面临较大的社员约束力（履约存量高），且向他们发放贷款具有较高的义务收益，本章使用村干部作为哑变量（如果是本村的村干部，该哑变量就取 1）。③是否为本村的"老"居住户。在被调查的样本区，乡村政治的特殊地位与村庄"老前辈"的后代具有一定的正向关系，因为这些数据不能直接获取，所以使用乡村某一家庭居民的居住年限数作为代理变量，但是，样本乡村的年龄差异较大，我们将计算出每一样本村居民的样本中间值，以这个样本中间值为标准，区分"老"或"新"居住户，并以此作为哑变量（即超过样本中间值为"老"居住户，相应地，哑变量取值为 1）。

3. 偿还/履约特征变量

有许多特征变量既能确定借款人的偿还特征，又能反映借款人的履约特征。本章考虑到三个普通变量，它们可分为：①非农收入。在李子歉收季节，有大量非农收入的借款农户更可能偿还其李子贷款，然而，具有高水平非农收入的借款农户也可能是社区内较富裕的个人，这样向这些农户发放贷款的收益可能更高。②所拥有牲畜的价值。同样，在李子歉收季节，可以出售牲畜来偿还贷款，因此，牲畜不但是贷款偿还所需的流动性来源，而且代表该借款农户在社区的富裕程度与地位。③成为农户主的年限。李子生产经历被认为是农业生产力重要的因素，从而期望李子贷款收益受到借款人成为户主的年限数影响，因为成为农户主年限数意味着这些年全部负责农户家庭的生产与经营；同时，在农村社区里，成为农户主的年限越长，农户主在社区中的各种"纽带"就越牢固，进而对社区所承担的义务就越稳定。

另外，有两个具体地点变量也属于偿还/履约特征类型：①李子林位于合作社办公地点周围。样本农户中，有6家李子种植户的李子林位于"××李子专业合作社"办公室周围，因此，李子树的长势、李子产量、品质、销售情况和收入等，很容易被合作社其他成员观察到，进而能够了解借款农户偿还能力方面的信息；另外，这些农户获得李子生产贷款后，在李子生产过程中，他们所投入的时间、精力和物力等，也容易被合作社其他成员运用类似于社会压力等约束机制，使得这些农户积极履行偿还义务。因此，社员农户的李子林位于合作社办公地点周围可以作为偿还/履约特征的一个代理变量（哑变量）。②合作社的理事会成员。样本农户中有18人是"××李子专业合作社"的理事会成员，由于这些成员负责李子生产贷款项目（至少名义上是负责的），从而额外的社会、经济压力会施加于他们，以保证他们在高惩罚年份能够偿还贷款，以及在低惩罚年份有机会再次获得可能更多的贷款。

9.3　估计结果及分析

表9-3给出了高惩罚力度与低惩罚力度下的配置策略Tobin估计结果。在高惩罚情形下，5个偿还特征变量中的3个表现为正向显著：李子种植面积变量、李子种植的平均产出变量在5%统计水平下正向显著，而农户家庭16~55岁的男性劳动力变量在10%统计水平下正向显著。在偿还/履约特征变量中，仅有2个偿还/履约特征变量表现为正向显著：李子林位于合作社办公地点周围、合作社的理事会成员。但是，在履约特征变量中，没有一个履约特征变量显著地进入高惩罚下的配置策略中。进一步观察F检验的联合显著性可以看出：在高惩罚情形下，偿还特征变量具有高联合显著性，而履约特征变量不显著（即$\beta_R > 0, \beta_B = 0$），这一结果与理论模型中图9-1所描述的垂直性等贷款曲线相一致，即在高惩罚下的配置策略中，非正规贷款人发放贷款时，更加关注借款人未来偿还因素的甄别和监督；或者讲，是基于潜在借款人偿还意愿及能力因素，而不是基于借款人履约特征因素或其他资源要素，来发放贷款并保证贷款能够得到偿还。

表9-3 计量回归的结果（Tobit模型）

解释变量	高惩罚情形 估计系数 $\beta^h = \beta$	显著水平（P值）	低惩罚情形 估计系数 $\beta^l = \beta + \delta$	显著水平（P值）
年哑变量（1=2011年，灾害年份）			89.20	0.096 1
偿还特征变量				
（1）李子种植面积	36.24	0.031 2	15.38	0.298 0
（2）农户家庭16~55岁的男性劳动力	9.52	0.078 1	2.63	0.621 0
（3）社员农户家庭的大型牲畜数量	2.37	0.917 2	3.14	0.092 4
（4）李子种植的平均产出	6.25	0.008 1	0.35	0.872 3
（5）"诚实"	0.005 7	0.908 5	0.33	0.758 2
履约特征变量				
（6）是否为专业合作社主要负责人的亲戚（是=1）	−7.83	0.776 1	29.64	0.071 2
（7）是否为本村的村干部（是=1）	12.24	0.619 2	36.87	0.042 5
（8）是否为本村的"老"居住户（超过样本中间值，是=1）	−13.02	0.502 8	−19.18	0.189 5
偿还/履约特征变量				
（9）非农收入	−0.000 3	6.541 3	−0.001 3	0.715 0
（10）所拥有牲畜的价值	−0.005 6	0.362 7	0.000 9	0.651 7
（11）成为农户主的年限	0.086 5	0.812 2	−0.95	0.114 7
（12）李子林位于合作社办公地点周围（是=1）	14.22	0.009 0	15.65	0.007 3
（13）合作社的理事会成员（是=1）	32.48	0.037 2	23.62	0.048 2
常数项	−88.25	0.035 9		
F检验的联合显著性（P值）				
偿还特征变量（5 109 d.f.）		0.009 0		0.219 3
履约特征变量（3 109 d.f.）		0.815 7		0.041 6
似然函数比	−512.83			
回归方程卡方统计检验的显著性（27 d.f.）	97.35			
显著水平（P值）	<0.000 1			
伪R^2	0.084 0			

注：① $\beta = 0$ 的渐进 t 检验；② $\beta + \delta = 0$ 的 F 检验。

在低惩罚情形下，估计结果与高惩罚下的存在较大差异：3个履约特征变量中的2个（是否为专业合作社主要负责人的亲戚、是否为本村的村干部）显著地为正；高惩罚策略下显著地为正的3个偿还特征变量在低惩罚情形下不再显著，然而，有一个偿还特征变量（社员农户家庭的大型牲畜数量）在低惩罚策略下显著地为正；2个与具体地理位置相关的偿还/履约特征变量又再次正向显著。这表明：当违约惩罚失效后，非正规贷款人对贷款甄别和监督行为进行较大程度的调整。在低惩罚情形下，F检验的联合显著性揭示了这样的事实：履约特征变量存在着联合显著性，而偿还特征变量不存在联合显著性（即$\beta_R = 0, \beta_R > 0$），该结果也在理论模型图9-1中描述过：等贷款曲线从垂直的高惩罚阶段移动到水平的低惩罚阶段，即在低惩罚情形下的配置策略中，非正规贷款人发放贷款时，更加注重有关借款人履约特征方面的甄别和监督，而可能忽略借款人偿还特征因素的甄别和监督。

综合上述两种惩罚情形下的估计结果，可以看出：在金融联结机制下，非正规贷款人所实施的违约惩罚力度将对其信贷资金配置策略产生重要影响。在高惩罚下的配置策略中，非正规贷款人更加关注借款人未来偿还因素的甄别与监督；相反，在低惩罚下的配置策略中，非正规贷款人更多地注重借款人履约特征方面的甄别与监督。

9.4　结论与启示

在农村信贷市场上，借贷双方之间信息不对称所引起的逆向选择与道德风险问题，是许多农户不能获得正规信贷资源的一个关键因素，也严重地制约了农村信贷市场的发展。然而，在部分农村地区，可以通过一些非正式的贷款制度安排——金融联结，来有效解决农户获得外部融资问题。因此，针对信息不对称下的农村信贷市场，本章首先基于金融联结机制模型，来分析农户信贷资金配置策略问题，理论分析推测出：在金融联结下，给定借款人的违约率，贷款违约的惩罚力度将对其信贷资金配置策略产生重要影响。当违约惩罚力度比较高时，贷款人更加注重借款人偿还因素方面的甄别和监督；相反，当违约惩罚力度比较低时，贷款人更多地关注借款人履约特征方面的甄别和监督。

运用多元回归计量模型，对重庆市农户调查数据进行实证分析，计量结果显示出与理论预测的一致性，也就是说：在高惩罚下的配置策略中，贷款人发放贷款时，更加关注借款人未来偿还因素的甄别和监督，是基于潜在借款人生产能力因素，而可能不是基于借款人履约特征因素或其他资源要素，来发放贷款并保证其能够得到偿还；在低惩罚下的配置策略中，贷款人发放贷款时，更多地注重有关借款人履约特征方面的甄别和监督，而可能忽视借款人偿还特征方面的甄别和监督。

因此，在金融联结机制下，贷款违约的惩罚力度将对信贷资金配置策略产生重要影响。基于此，第一，强化农村信贷合约有效履行的制度设施。信贷合约履行机制能使借款人对其违约责任负责，同时，信贷合约履行机制变化，也必然改变贷款人的贷款配置策略，因此，为了保证信贷合约的有效履行，一方面，要加强法律法规等第三方裁决制度建设，并降低法律执行成本；另一方面，在法律制度不完善或者执行成本高的农村地区，通过强化农村社区的乡规民约，或者利用声誉机制、社会道德等非正式制度，以保证合约的有效履行。第二，设计有效的两类贷款人（正规金融机构和非正规金融部门）之间合作的激励机制，在有效的激励制度下，非正规金融能够有效缓解正规金融与借款人之间的信息不对称问题，从而将信贷资金有效地配置给借款人，满足农村生产者和正规贷款人的需要；同时，激励机制的变动，更会影响非正规金融的信贷资金配置策略，因此，有效的激励制度，对两类贷款人合作是至关重要的。第三，在既有的农村金融存量基础上，通过类似于金融联结的农村信贷制度创新，来整合与深化农村金融市场。类似于金融联结的农村信贷制度创新，能够充分利用农村正规金融机构和农村非正规金融部门的资源，综合正规金融与非正规金融部门的比较优势，从而缓解农村信贷市场上的信息不对称问题，将信贷资金配置给一些"边缘性"借款人，最终有利于整合与深化农村信贷市场。

第 10 章 研究结论与政策建议

10.1 研究结论

（1）现代合约理论将信贷活动还原成信贷合约关系，并以此来分析信贷合约的设计、安排及履行问题，进而可以有效分析发展中国家农村信贷合约的微观差异及其机理。在许多发展中国家的农村信贷市场上，信息约束与合约履行约束的存在，必然使得贷款人面临着发放贷款前的逆向选择问题和发放贷款后的道德风险问题，以及信贷合约履行问题。而现代合约理论将信贷活动还原成信贷合约关系，并以此来分析信贷合约的签订及履行问题，具体来讲，一项运行有效的信贷合约需要处理好甄别、激励、监督与合约履行问题。而不同贷款人对信贷合约中的甄别、激励、监督与合约履行问题所实施的策略不同，便成为正规与非正规借贷合约的微观差异基础。这种差异的原因在于信息获取、信贷合约设计和履行合约均要花费成本，因此，贷款人依据自身特征、信息禀赋状况等，对信贷合约中的甄别、激励、监督与合约履行机制等要素实施对应的策略，从而设计出满足借贷双方需要的信贷合约。于是，正规金融机构主要运用标准的信息与正式法律机制来解决信贷合约的信息与履约机制问题，相反，非正规金融组织主要利用人格化的信息和非正式的私人治理机制来处理信贷合约的信息与履约机制问题。

（2）在农村信贷市场上，长期存在着正规与非正规信贷市场的"分割"现象，这种分割的微观原因在于信贷合约安排的差异。从信贷合约理论角度看，信息收集及将其运用于甄别与监督借款人是贷款人所采用的信贷合约的核心问题。正规贷款人主要依据借款人所具有的标准信息禀赋（正规性程度）来甄别借款人的信誉，从而交易成本相对低，相应地，正规程度高的借款人可以较低成本向正规金融机构显示其信誉，进而同正规金融机构进行信贷交易，形成"正规-正规"信贷匹配。相反，非正规借款人较少拥有标准信息及必要的担保来匹配正规贷款人，而非正规贷款人的信贷合约可以容许其以较低成本同这些非正规借款人进行信贷交易，进而非正规程度高的借款人更可能获取非正规金融部门的贷款，从而形成"非正规-非正规"信贷匹配。这样，在农村信贷市场上，就存在着相互独立的正规信贷市场和非正规信贷市场。

（3）贷款人会依据其各自所面临的逆向选择（事前的信息）程度、道德风险（事后的信息）程度，设计不同的信贷合约，进而实现对信贷资金的配置。对于贷款人而言，他们在发放贷款前后，必须考虑非对称信息对借款人行为（工作努力程度）和借款人类型（品德、能力等）的影响，于是，贷款人将依据可获得信息量、借款人担保禀赋和贷款人信贷处理成本等因素，设计出不同的信贷合约以适应不同类型的借款人，最终，通过这些不同类型的信贷合约，实现信贷资金配置。

（4）在信贷合约的诸多要素中，贷款监督是一种有效的机制，可有效改善信贷交易条件，进而影响农村借款人的融资结构（渠道）。在信贷合约中，引进恰当的机制可以放松合约激励约束条件，减少有限责任租，降低贷款抵押担保品要求，使得融资活动成为可能。贷款监督就是一个有效的机制，起到了贷款担保替代的功能，运用各种贷款监督技术，可以降低借款人的道德风险问题，从而有利于信贷合约的签订与履行。当然，受监督技术效率、监督者的自有资本和信贷合约关联等因素的影响，不同类型的监督方式对监督收益与成本的影响存在着差异——纯粹的中介监督、代理监督均可以降低最低抵押担保品，有利于融资；直接监督能否改善融资条件将取决于监督资本的超额回报与监督技术有效性之间的相对大小；同伴监督情形下的团体（联保）贷款更有利于抵押担保能力弱的借款人融资，且可能优于代理和纯粹中介监督贷款模式；在贷款监督的融资模型基础上，引入提议者，可以提高投资项目的成功率，降低融资成本，从而更有利于借款人的融资。同时，实证研究结果也支持了贷款监督机制对农村借款人融资结构产生重要影响这一结论，即借款人所能提供的贷款担保品量（或借款人被监督的程度），决定了其借款来源结构的组合形式；担保品充足的借款人容易申请到正规金融机构的担保贷款，而随着借款人担保品的减少且容易被贷款人监督时，其可能更倾向于非正规金融部门的（监督）贷款，或者是正规金融机构与非正规金融部门的混合贷款。

（5）对于我国的一些农村地区，传统的社会约束力（社会资本、社区信任认同度等替代变量），对信贷合约的履行（贷款偿还）仍然产生重要的作用。以农户联保贷款中的贷款偿还率和贷款退出率为例，从正反两方面来分析农村信贷合约的履行机制，研究结果显示，作为衡量社会资本的变量——社交程度和社会声望，对联保贷款的正常履行（贷款偿还率）的提高产生正向影响，相应地，传统农村社会约束力——社区社会资本、社区信任认同度的失灵或者降低，更容易导致农户联保贷款中的农户退出或者违约，因而，农村社区的传统社会约束力量对农村信贷合约的履行仍然产生重要的影响。

（6）在信贷合约履约机制中，合约履行力度（贷款违约的惩罚力度）变动，将改变贷款人的信贷配置策略，进而对信贷资金配置产生影响。在借贷双方存在着信息不对称的农村信贷市场上，通过金融联结机制（通过某种途径将正规金融的资金优势和非正规金融的信息优势结合起来，向农村地区提供金融服务），贷款人所实施的违约惩罚力度将对信贷资金配置策略产生重要影响：在高惩罚力度下，贷款人发放贷款时，更加关注潜在借款人的生产能力因素，而不是基于借款人履约特征因素或其他资源要素，来发放贷款并保证其能够得到偿还；在低惩罚力度下，贷款人发放贷款时，更多地注重有关借款人履约特征方面的甄别和监督，而忽视借款人未来生产能力特征的甄别和监督。因此，信贷合约履行机制能帮助借款人对其违约责任负责，相应地，信贷合约履行机制变化，也必然改变贷款人的贷款配置策略，进而影响信贷资金的配置。

10.2　政　策　建　议

（1）积极培育农村内生型金融活动或组织。从正规信贷合约与非正规信贷合约结构来看，非正规金融在一些地区活跃的微观原因在于：非正规金融不仅对信息有着深刻的把握与理解，而且能给出特殊治理机制与其信贷合约相匹配。对于身份各异的需求群体而言，他们对金融服务的需求也不尽相同，因此，应注重内生型金融体系的培育，尤其是在底端信贷市场上，潜在的金融服务不仅包括正规金融，还包括一些非正规金融。依据"边际增量"原则，逐渐摆脱原有体制的复制性增长的惯性依赖，推进新型农村金融机构建设，从农村金融市场的内部来推动新型金融元素的培育和增长，促进具有内生性特征的农村金融竞争主体的形成，从而推进农村信贷市场竞争。政府引导和鼓励与农村有天然贴近的民间资本进入农村领域，组建新型农村金融机构；或者，通过一些优惠的政策及制度安排，鼓励一些民间监督资本进入农村领域，如放宽民营资本组建贷款公司的限制，允许各类农民专业合作组织组建、设立或控股农村金融机构及小额贷款担保公司等，从而能够使乡村居民根据一致同意的原则进行信贷交易，内生出适宜于乡村信贷主体的金融交易规则或制度。

（2）农村正规金融机构加强自身建设，为创新农村信贷合约提供激励。在农村信贷市场上，信贷合约是农村信贷交易的最基本要件，而对数量众多、信誉差异极大的农村借款人来讲，以财务报表、资产等为分析技术的传统信贷合约难以适用于这些借款人。在我国农村信贷市场上，新型农村金融机构能够依据借款人禀赋特征，"因人而异"地创新贷款合约条件，提供"个性化"信贷合约，使得信贷交易能够达成，因此，农村正规金融机构应积极借鉴新型农村金融组织的创新做法，通过农村正规金融机构自身的产权安排、企业治理结构完善等制度调整与优化，为农村正规金融机构的"金融家们"创新农村信贷产品和服务，提供足够的制度激励。一旦这些激励制度被提供出来，则农村正规金融机构的"金融家们"就需要对这种现代贷款技术进行创新或改进，从而可以满足农村信贷市场上的低端部分客户的信贷需求。例如，积极改进农村正规金融机构的贷款产品、程序，增加贷款流程的透明度，简化审批程序，改进信贷合约的履行机制等，进而让信贷供给更容易接近农村"边缘性"借款人。

（3）综合正规和非正规金融部门的比较优势，以此整合农村金融市场。农村正规金融机构具有处理标准信息的合约优势，从而可以跨空间媒介信贷资金，这一点在农村地区亦相当重要；相反，依赖传统社区信息资源的非正规金融部门不能在更大范围内媒介资金，但其比较优势体现在可获得身份各异的借款人私人信息。因此，通过一些制度设计（如金融联结制度），将这两个金融部门的比较优势综合起来，可以将分割的正规与非正规信贷市场整合成一个富有竞争力的农村信贷市场。当然，在整合这两个部门比较优势的过程中，需要设计好有效的两类贷款人（正规金融机构和非正规金融部门）之间合作的激励机制，在有效的激励制度下，非正规金融能够有效缓解正规金融与借款人之间的信息不对称问题，从而将信贷资金有效地配置给借款人，满足农村借款人和正规金融机构的需要；同时，激励机制的变动，更会影响非正规金融组织的信贷资金配置策略，因而，有效的激励制度对两类贷款人合作也是至关重要的。

（4）注重解决农村信贷市场上的信息不对称问题。在信贷市场上，信贷合约类型差异的一个重要原因就是信息及由此产生的交易成本，因此，若获取的信息比较充分，则不仅可以保证贷款人能设计出适合于借款人需求的信贷合约，还能够降低信贷交易成本。一方面，农村正规金融机构应利用各种技术与方法获取信息，降低借贷双方之间的信息不对称程度；另一方面，可以"小贷"等新型农村金融机构和传统的农村信用社（或农村商业银行）为载体，构建乡村信用共享平台，进而降低农村信贷市场内的信息不对称程度及信贷交易成本，促进乡村信用与农村金融市场的延伸与拓展，为深化农村信贷市场创造良好的外部条件。

（5）探索组建与发展农村可抵押（担保）市场。在农村经济领域内，因为种种制约因素，借款人提供抵押担保品往往比较困难，从而农村融资难也就是抵押担保难。因而，在一些经济条件较好的农村地区，地方政府可采取一些措施，如建立农村资产的抵押（担保）价值认定和登记评估制度等，激活农村土地、住房、林权等资产背后隐藏的经济潜能，改变这些资产不可抵押（担保）的现状，并以此探索建立农村资产可抵押（担保）市场，从而为农村抵押（担保）贷款产品或服务提供基础经济条件。

（6）强化农村信贷合约有效履行的制度或经济设施。信贷合约履行机制能帮助借款人对其违约责任负责，同时，信贷合约履行机制变化，也必然改变贷款人的贷款配置策略。因此，为了保证信贷合约的有效履行，第一，加强法律法规等第三方裁决制度建设，并降低法律执行成本。在农村信贷市场上，信贷合约的法律执行难是农户违约的一个重要因素，也是农村正规金融机构不愿发放农户贷款的一个重要原因，因此，在一些典型农村地区，除了定期加大法律的贷款清收力度外，农村金融机构也可与当地政府有效沟通，实施一些行政或经济处罚措施（如拖欠贷款农户将会延期或者无法获得所在村镇的福利等）。第二，在正式法律制度不完善或者其执行成本高的农村地区，通过强化农村社区的乡规民约、道德规范，提供农户的社会资本存量，或者利用声誉机制等非正式制度，以增强贷款农户的责任意识，信守承诺，从而保证信贷合约有效地被履行。第三，通过转变农村生产经营方式（即从传统的小农生产方式转变为合作化、市场化、产业化的新型农村生产方式），可以加强农户之间的经济交往和利益相关性，从而提高农户的社会资本水平，最终有利于农村信贷合约的履行。

参 考 文 献

蔡四平，顾海峰. 2011. 农村中小企业金融市场的信贷配给问题及治理研究[J]. 财贸经济，11（4）：62-67.

陈雨露，马勇. 2010. 中国农村金融论纲[M]. 北京：中国金融出版社.

程恩江，刘西川. 2010. 小额信贷缓解农户正规信贷配给了吗？——来自三个非政府小额信贷项目区的经验证据[J]. 金融研究，10（12）：190-206.

褚保金，吴婷婷，钱太一. 2011. 农户异质性与团体贷款发展趋势研究——以苏北地区农信社为例[J]. 南京农业大学学报（社会科学版），11（2）：50-56.

崔百胜. 2012. 非正规金融与正规金融：互补还是替代？——基于DSGE模型的相互作用机制研究[J]. 财经研究，12（7）：121-132.

杜丽群，曹斌. 2007. 农村信贷市场"联保贷款"效应分析[J]. 农业经济问题，7（1）：26-31.

杜晓山，张保民，刘文璞，等. 2005. 中国小额信贷十年[M]. 北京：社会科学文献出版社.

范香梅，张晓云. 2012. 社会资本影响农户贷款可得性的理论与实证分析[J]. 管理世界，12（4）：177-178.

戈德史密斯 R M. 1994. 金融结构与金融发展[M]. 周朔，郝金城，肖远企，等译. 上海：上海三联书店，上海人民出版社.

格利 J G，肖 E S. 1960. 金融理论中的货币[M]. 贝多广译. 上海：上海三联书店.

龚良红，李增. 2010. 多重博弈中的农户信贷关系研究[J]. 农村经济，10（4）：65-67.

郭斌，刘曼路. 2002. 民间金融与中小企业发展：对温州的实证分析[J]. 经济研究，2（10）：40-46，95.

郭峰，胡金焱. 2012. 农村二元金融的共生形式研究：竞争还是合作——基于福利最大化的新视角[J]. 金融研究，12（2）：102-112.

韩俊，罗丹，程郁. 2007. 中国农村金融调查[M]. 上海：上海远东出版社.

何广文. 2004. 中国农村金融转型与金融机构多元化[J]. 中国农村观察，（2）：12-20.

何广文. 2007. 农村金融多元化的路径选择[J]. 中国改革，（3）：34.

何广文，冯兴光，郭沛，等. 2005. 中国农村金融发展与制度变迁[M]. 北京：中国财政经济出版社.

洪正. 2011. 新型农村金融机构改革可行吗？——基于监督效率视角的分析[J]. 经济研究，11（2）：44-58.

洪正，王万峰，周轶海. 2010. 道德风险、监督结构与农村融资机制设计——兼论我国农村金融体系改革[J]. 金融研究，10（6）：189-206.

胡枫，陈玉宇. 2012. 社会网络与农户借贷行为——来自中国家庭动态跟踪调查（CFPS）的证据[J]. 金融研究，12（12）：178-192.

胡士华. 2007. 农村非正规金融发展问题研究[D]. 西南大学博士学位论文.

胡士华. 2012. 基于贷款监督技术的农户融资机制研究[J]. 农业技术经济，12（11）：10-18.

胡士华，李伟毅. 2011. 信息结构、贷款技术与农户融资结构——基于农户调查数据的实证研究[J]. 管理世界，11（7）：61-68.

胡士华，卢满生. 2011. 信息、借贷交易成本与借贷匹配——来自农村中小企业的经验证据[J]. 金融研究，11（10）：100-111.

胡士华，彭芳. 2011. 农村信贷市场的微观结构与策略履行[J]. 改革，11（4）：55-59.

胡士华，李伟毅. 2015. 信息非对称、信贷合约与信贷资金配置[J]. 经济学动态，15（5）：60-69.

胡士华，郭雨林，杨涛. 2016. 信息不对称、金融联结与信贷资金配置——基于农户调查数据的实证研究[J]. 农业技术经济，（2）：81-91.

江源，谢家智. 2013. 我国城乡二元金融结构形成机制的区域差异——基于变截距模型的影响因素研究[J]. 财经研究，13（7）：72-81.

姜旭朝. 1995. 中国民间金融研究[M]. 济南：山东人民出版社.

金烨，李宏彬. 2009. 非正规金融与农户借贷行为[J]. 金融研究，9（4）：63-79.

孔荣，Turvey C G，霍学喜. 2009. 信任、内疚与农户借贷选择的实证分析——基于甘肃、河南、陕西三省的问卷调查[J]. 中国工业经济，9（11）：50-59.

兰敏，刘亚相，王惠平. 2010. 农户参与小额联保贷款的进化博弈分析[J]. 安徽农业科学，38（13）：6997-6999.

李凤圣. 2003. 契约经济学. 北京：经济科学出版社.

李似鸿. 2010. 金融需求、金融供给与乡村自治——基于贫困地区农户金融行为的考察与分析[J]. 管理世界，10（1）：74-87.

林毅夫. 2002. 自生能力与改革的深层次问题[J]. 经济社会体制比较，（2）：32-37.

林毅夫，孙希芳. 2005. 信息、非正规金融与中小企业融资[J]. 经济研究，5（7）：35-44.

林毅夫，孙希芳，姜烨. 2009. 经济发展中的最优金融结构理论初探[J]. 经济研究，（8）：4-13.

刘峰，许永辉，何田. 2006. 农户联保贷款的制度缺陷与行为扭曲：黑龙江个案[J]. 金融研究，6（9）：171-178.

刘民权, 俞建拖, 徐忠. 2006. 中国农村金融市场研究[M]. 北京: 中国人民大学出版社.

刘文全, 张绪清. 2010. 对农户联保贷款质量问题的几点思考[J]. 武汉金融, 10（9）: 67-68.

刘锡良. 2006. 我们应如何解除农村金融压抑[J]. 中国金融, （14）: 71.

麦金农 R I. 1997. 经济发展中的货币与资本[M]. 卢骢译. 上海: 上海三联书店, 上海人民出版社.

麦金农 R I. 2014. 经济市场化的次序——向市场经济过渡时期的金融控制[M]. 第2版. 周庭煜, 尹翔硕, 陈中亚译. 上海: 上海三联书店, 上海人民出版社.

吕京娣, 吕德宏. 2011. 农户兼业对小额信贷还款因素影响差异及次序性研究——基于陕西眉县的实证分析[J]. 金融改革, 11（3）: 19-24.

马晓青, 刘莉亚, 胡乃红, 等. 2012. 信贷需求与融资渠道偏好影响因素的实证分析[J]. 中国农村经济, 12（5）: 65-76, 84.

米运生, 戴文浪, 董丽. 2013. 农村金融的新范式：金融联结——比较优势与市场结构[J]. 财经研究, 13（5）: 112-122.

聂强. 2010. 小额信贷的偿还机制：一个理论述评[J]. 中国农村观察, 10（1）: 61-75, 95.

钱水土, 陆会. 2008. 农村非正规金融的发展与农户融资行为研究——基于温州农村地区的调查分析[J]. 金融研究, 8（10）: 174-186.

秦建群, 秦建国, 吕忠伟. 2011. 农户信贷渠道选择行为：中国农村的实证研究[J]. 财贸经济, 11（9）: 55-62, 106.

瑞 D R. 2001. 发展经济学[M]. 陶然, 等译. 北京: 北京大学出版社.

苏启林. 2004. 契约理论的争论与整合[J]. 经济学动态, （9）: 75-78.

谭智心, 孔祥智. 2012. 不完全契约、内部监督与合作社中小社员激励——合作社内部"搭便车"行为分析及其政策含义[J]. 中国农村经济, 12（7）: 17-28.

田霖. 2008. 基于统筹联通的农村金融体系重构[J]. 财经研究, 8（5）: 29-39.

童馨乐, 褚保金, 杨向阳. 2011. 社会资本对农户借贷行为影响的实证研究——基于8省1003个农户的调查数据[J]. 金融研究, 11（12）: 177-191.

王宝进. 2007. 多变量分析统计软件与数据分析[M]. 北京: 北京大学出版社.

王静, 徐逞翀. 2012. 农户联保贷款偿还率影响因素实证分析[J]. 西部金融, 12（5）: 26-30.

王曙光, 王东宾. 2011. 双重二元金融结构、农户信贷需求与农村金融改革——基于11省14县市的田野调查[J]. 财贸经济, 11（5）: 38-44, 136.

王永钦. 2005. 声誉、承诺与组织形式——一个比较制度分析[M]. 上海: 上海人民出版社.

温铁军. 2005. 三农问题与世纪反思[M]. 北京: 生活·读书·新知三联书店.

吴庆田. 2012. 信用信息共享下农村金融供求均衡与帕累托最优配置的实现机制[J]. 管理世界, 12（1）: 174-175.

吴祖光, 万迪昉, 罗进辉. 2012. 风险态度、合作行为与联保贷款契约：一个实验研究[J]. 金融研究, 12（4）: 169-182.

武翔宇. 2008. 我国农村金融联结制度的设计[J]. 金融研究, 8（8）: 156-165.
肖 E S. 2015. 经济发展中的金融深化[M]. 邵伏军, 许晓明, 宋先平译. 上海: 格致出版社, 上海三联书店 上海人民出版社.
谢平, 吕松. 2005. 从"天然气银行"到"水银行"——安然公司在几个管制行业的金融创新及启示[J]. 金融研究, （5）: 19-24.
谢世清, 李四光. 2011. 中小企业联保贷款的信誉博弈分析[J]. 经济研究, 11（1）: 97-111.
熊学萍. 2005. 农户联保贷款制度的博弈机制及其完善[J]. 理论月刊, 5（11）: 186-188.
熊慜, 2009. 以加强信任关系推进农村小额信贷——基于农民信任度的因子分析[J]. 农村经济, （7）: 77-80.
徐汝峰. 2010. 联保贷款中农户信任选择的影响因素分析[J]. 金融发展研究, 10（4）: 56-59.
杨汝岱, 陈斌开, 朱诗娥. 2011. 基于社会网络视角的农户民间借贷需求行为研究[J]. 经济研究, 11（11）: 116-129.
姚铮, 胡梦婕, 叶敏. 2013. 社会网络增进小微企业贷款可得性作用机理研究[J]. 管理世界, 13（4）: 135-149.
奕颢. 1996. 现代西方合约经济学的新进[J]展. 经济学动态, （12）: 53-56.
张敦力, 李四海. 2012. 社会信任、政治关系与民营企业银行贷款[J]. 会计研究, （8）: 17-24.
张海洋, 平新乔. 2010. 农村民间借贷中分类相聚性质研究[J]. 金融研究, 10（9）: 69-86.
张杰. 1998. 金融中介理论发展述评[J]. 中国社会科学, 1（6）: 74-84, 206.
张杰. 2005. 农户、国家与中国农贷制度: 一个长期视角[J]. 金融研究, 5（2）: 1-12.
张杰. 2007. 中国农村金融制度调整的绩效[M]. 北京: 中国人民大学出版社.
张维迎. 1994. 博弈论与信息经济学[M]. 上海: 上海人民出版社, 上海三联书店.
张伟, 刘兴坤. 2012. 国外团体贷款激励研究述评[J]. 外国经济与管理, 12（4）: 11-18, 28.
张正平, 肖雄. 2012. 我国农户联保贷款的发展条件: 基于演化博弈论的分析[J]. 农业技术经济, 12（5）: 60-69.
章元. 2005. 非对称信息下的团体贷款研究[M]. 上海: 上海人民大学出版社.
章元, 李全. 2003. 论产出分布对团体贷款还款率的影响[J]. 经济研究, 3（2）: 43-54, 93.
赵岩青, 何广文. 2007. 农户联保贷款有效性问题研究[J]. 金融研究, 7（7）: 61-77.
郑风田, 郎晓娟. 2009. 小额信贷"株连制"模式研究述评[J]. 经济学动态, 9（4）: 127-132.
周孟亮, 李明贤, 孙良顺. 2012. "资金"与"机制": 中国小额信贷发展的关键[J]. 经济学家, 12（11）: 94-101.
卓凯. 2006. 非正规金融契约治理的微观理论[J]. 财经研究, 32（8）: 112-123.
Adams D W, Fitchett D A. 1992. Informal Finance in Low-Income Countries[M]. Boulder: Westview Press.
Aghion B A, Morduch J. 2005. The Economics of Microfinance[M]. Cambridge: The MIT Press.

Akerlof G A. 1970. The market for "lemons": quality uncertainty and the market mechanism[J]. The Quarterly Journal of Economics, 84（3）: 488-500.

Allen F, Santomero A M. 1998. The theory of financial intermediation[J]. Journal of Banking & Finance, 21（11~12）: 1461-1485.

Armendariz D E, Aghion B, Gollier C. 2000. Peer group formation in an adverse selection model[J]. The Economic Journal, 110（465）: 632-643.

Arnott R, Stiglitz J E. 1991. Moral hazard and nonmarket institutions: dysfunctional crowding out or peer monitoring[J]. American Economic Review, 81（1）: 179-190.

Aryeetey E, Udry C. 2000. Economic Development in Africa[M]. New York: United Nations Publication.

Asmah E. 2008. Client exit in microfinance: a case study of Christian Rural Aid Network (CRAN), Cape Coast[Z]. Submitted to the Department of Econnomics, Faculty of Social Sciences, University of Cape Coast in Partial Fulfilment of the Requirements for Award of Master of Philosophy Degree in Economics.

Banerjee A V. 2003. The (mis)allocation of capital[J]. Journal of the European Economic Association, 1（2~3）: 484-494.

Bell C, Srinivasan T N, Udry C. 1997. Rationing, spillover, and interlinking in credit markets: the case of rural Punjab[J]. Oxford Economic Papers, 49（4）: 557-585.

Bencivenga V, Smith B. 1991. Financial intermediation and endogenous growth[J]. review of Economic Studies, 58（2）: 195-209.

Benston G, Smith C W. 1976. A transaction cost approach to the theory of financial intermediation[J]. Journal of Finance, 31（2）: 215-231.

Besley T. 1994. How do market failurs justify interventions in rural credit markets[J]. The World Bank Research Observer, 9（1）: 27-48.

Besley T, Coate S. 1995. Group lending, repayment incentives and social collateral[J]. Journal of Development Economics, 46（1）: 1-18.

Bester H. 1985. Screening vs. rationing in credit markets with imperfect information[J]. American Economic Review, 75（4）: 850-855.

Bhole B, Ogden S. 2010. Group lending and individual lending with strategic default[J]. Journal of Development Economics, 91（2）: 348-363.

Bond P, Rai A S. 2005. Borrower runs[J]. Journal of Development Economics, 88（2）: 185-191.

Borsch-Supan A. 1987. An empirical test of the theory of on-the-job search[J]. The Journal of Human Resources, 16（1）: 129-140.

Bose P. 1998. Fomal-informal sector interaction in rural credit markets[J]. Journal of Development

Economics, 56 (2): 265-280.

Brousseau E, Glachant J M. 2002. The Economics of Contracts: Theories and Applications[M]. Cambyidge: Cambridge University Press.

Brown W, Nagarajan G. 2000. Bangladeshi experience in adapting financial services to cope with floods: implications for the microfinance industry[R]. Bethesda: DAI Papers Prepared for USAID Under Microenterprise Best Practices Project.

Buchenau J, Meyer R. 2007. Introducing rural finance into an urban microfinance institution: the example of ProCredit, El Salvador [C]. International Conference on Rural Finance Research: Moving Results into Policies and Practice, Rome, Italy: 19-21.

Burdett K, Coles M G. 1999. Long term partnership formation: marriage and employment[J]. Economic Journal, 109 (456): 307-334.

Casamatta C. 2003. Financing and advising: optimal financial contracts with venture capitalists[J]. Journal of Finance, 58 (5): 2059-2086.

Chaves R A. 1996. The design of successful rural financial intermediaries: evidence from Indonesia[J]. World Development, 24 (1): 65-78.

Chiteji N S. 2002. Promises kept: enforcement and the role of rotating savings and credit associations in an economy[J]. Journal of International Development, 14 (4): 393-411.

Churchill C F, Halpern S S. 2001. Building Customer Loyalty: Measuring and Maximizing Customer Satisfaction[J]. Internation Journal of Health Care Quality A Ssurance, 8 (4): 34-36.

Conning J H.1995. Lenders intermediaries and peer-monitored loans[R]. Department of Economics, Yale University, Paper Presented at the Ohio State University.

Conning J H. 1996. Financial contracting and intermediary structures in a rural credit market in Chile: a theoretical and empirical analysis[D]. PhD. Dissertation of Yale University.

Conning J H. 1999. Outreach, sustainability, and leverage in monitored and peer-monitored lending[J]. Journal of Development Economics, 60 (1): 51-77.

Crawford V, Knower E. 1981. Job matching with heterogeneous firms and workers[J]. Econometrica, 49 (2): 437-450.

Diagne A, Chimomobo W, Stimtowe F, et al. 2000. Design and sustainability issues of rural credit and saving programs for the poor in Malawi: an action-oriented research project [Z]. Washington, DC: IFPRI.

Diamond D W, Rajan R G. 1999. Liquidity risk, liquidity creation and financial fragility: a theory of banking[R]. NBER Working Paper, No.7430.

Diamond D W. 1984. Financial intermediation and delegated monitoring[J]. Review of Economic Studies, 51 (3): 393-414.

Eaton J. 1986. Lending with costly enforcement of repayment and potential fraud[J]. Journal of Banking and Finance, 10（2）: 281-293.

Esguerra E F.1993. Credit tying as a collaterl substitute in informal loan contracts[D]. PhD. Dissertation of the Ohio State University.

Esguerra E F, Nagarajan G, Meyer R L.1993. From trader to lender in the Philippines: interlinked contracts from a financial market perspective[R]. Econoics and Sociology Occasional Paper, No.2060, Columbus, Ohio: The Ohio State University.

Floro M S, Yotopoulos P. 1992. Incentive structures in rural financial intermediation: the case of the Philippines[R]. Washington, D.C.: The World Bank.

Floro M S, Ray D. 1997. Vertical links between formal and informal financial institutions[J]. Review of Development Economics, 1（1）: 34-56.

Freimer M, Gorden M J. 1965. Why bankers ration credit[J]. Quarterly Journal of Economics, 79（3）: 397-410.

Freixas X, Rochet J C. 1997. Microeconomics of Banking[M]. 2nd ed. Cambridge: The MIT Press.

Fried J, Howitt P. 1980. Credit rationing and implicit contract theory[J]. Journal of Money, Credit and Banking, 12（3）: 471-487.

Fry M J. 1987. United States interest rates and the interest rate dilemma for the developing world[J]. Journal of Economic Literature, 25（3）: 1339-1341.

Fry M J. 1995. Money Interest and Banking in Economic Development[M]. Baltimore: John Hopkins University Press.

Fuentes G A. 1996. The use of village agents in rural credit delivery[J]. Journal of Development Studies, 33（2）: 188-209.

Ghatak M, Guinnane T W. 2003. The economics of lending with joint liability: theory and pratice[J]. Journal of Development Economics, 70（1）: 261-262.

Ghosh P, Ray D. 2001. Information and enforcement in informal credit markets[R]. IDE Discussion Paper Serie, No.93, University of Boston.

Giné X, Karlan D. 2009. Group versus individual liability: long term evidence from Philippine microcredit lending groups[R]. Economic Growth Center Discussion Paper.

Giné X, Karlan D. 2013. Group versus individual liability: short and long term evidenc from philippine microcredit lending groups[J]. Journal of Development Economics, 107（1）: 65-83.

Giné X, Krishnaswamy K, Ponce A. 2011. Strategic default in joint liability groups: evidence from a natural experiment in India[R]. Mimeo, World Bank.

Godquin M. 2004. Micronance repayment performance in Bangladesh: how to improve the allocation of loans by MFIs[J]. World Development, 32（11）: 1909-1926.

Gonzalez-Vega C. 2003. Deepening rural financial markets: macroeconomic, policy and political dimensions[R]. Paper for Paving the Way Forward: An International Conference on Best Practices in Rural Finance, Washington, D.C.

Greene W. 2000. Econometric Analysis [M]. 4th ed. Englewood: Prentice Hall Press.

Greenwood J, Jovanovic B. 1990. Financial development, growth, and the distribution of income[J]. Journal of Political Economy, 58（2）: 1076-1107.

Hassan M K. 2002. The microfinance revolution and the Grameen Bank experience in Bangladesh[J]. Financial Markets Institutions and Instruments, 11（3）: 205-265.

Hellmann T, Murdock K, Stiglitz J. 1996. Financial restraint: toward a new paradign[C]//Aoki M, Kim H K, Okum-Fujiwara M. The Role of Government in East Asia Economic Development: Comparative Institutional Analysis. New York: Oxford University Press.

Hermes N, Lensink R, Mehrteab H T. 2003. Peer monitoring, social ties and moral hazard in group lending programs: evidence from Eritrea[R]. Research Report, Groningen University.

Hodgman D. 1960. Credit risk and credit rationing[J]. Quarterly Journal of Economics, 74（2）: 258-278.

Hodgman D. 1962. Credit risk and credit rationing: reply[J]. Quarterly Journal of Economics, 76（3）: 488-493.

Hoff K, Braverman A, Stiglitz J. 1993. The Economics of Rural Organization: Theory Practice and Policy[M]. New York: Oxford University Press.

Hoff K, Stiglitz J E. 1990. Introduction: imperfect information and rural credit markets: puzzles and policy perspectives[J]. World Bank Economic Review, 4（3）: 235-250.

Hoff K, Stiglitz J E. 1993. A theory of imperfect competition in rural credit markets in developing countries: towards a theory of segmented credit markets[R]. IRIS of Maryland University. Working Papers, No.58.

Hoff K, Stiglitz J E. 1998. Moneylenders and bankers: price-increasing subsidies in a monopolistically competitive credit markets[J]. Journal of Development Economics, 55（2）: 429-462.

Impavido G. 2015. Credit rationing, group lending and optional group size[J]. Annals of Public & Cooperative Economics, 69（2）: 243-260.

Jaffee D, Russell T. 1976. Imperfect information, uncertainty, and credit rationing[J]. Quarterly Journal of Economics, 90（4）: 651-666.

Jain S. 1999. Symbiosis vs.crowding-out: the interaction of formal and informal credit markets in developing countries[J]. Journal of Development Economics, 59（99）: 419-444.

Joshi G M. 2005. Access to credit by hawkers: what is missing? Theory and evidence from India[D]. PhD. Dissertation of the Ohio State University.

Kareken J H. 1957. Lenders' preferences, credit rationing, and the effectiveness of monetary Policy[J]. Review of Economics and Statistics, 39（3）: 292-302.

Key N, Sadoulet E, de Janvry A. 2000. Transactions costs and agricultural household supply response[J]. American Journal of Agricultural Economics, 82（2）: 245-259.

King M A, Leape J I. 1984. Wealth and portfolio composition: theory and evidence[R]. NBER Working Paper, No.1468.

King R, Levine R. 1993. Finance and growth: schumpeter might be right[J]. Quarterly Journal of Economics, 108（3）: 717-737.

Krepa D, Wilson R. 1982. et al. Reputation and imperfect information[J]. Journal of Economic Thedry, 27:253-279.

La Porta R, Lopez-de-Silanes F, Shleifer A, et al. 1997. Legal determinants of external finance[J]. Journal of Finance, 52（3）: 1131-1150.

Laffont J J. 2000. Mechanism design with collusion and correlation[J]. Econometrica, 68（2）: 309-342.

Laffont J J. 2003b. Collusion, delegation and supervision with soft information[J]. Review of Economic Studies, 70（2）: 253-279.

Laffont J J, N'Guessan T. 2000. Group lending with adverse selection[J]. European Economic Review, 44（4）: 773-784.

Laffont J J, Martimort D. 2002. The Theory of Incentives: The Principal-Agent Model[M]. Princeton: Princeton University Press.

Laffont J J, Rey P. 2003a. Moral hazard, collusion and group lending[R]. Working Papers, University of Toulouse.

Laffont J J, Rey P. 2003a Internet interconnection and the off-net-cost pricing principle[J]. RAND Journal of Economics, 34（2）: 370-390.

Leland H E, Pyle D H. 1977. Informational asymmetries, financial structure, and financial intermediation[J]. Journal of Finance, 32（2）: 371-387.

Levine R. 1991. Stock markets growth and tax policy[J]. The Journal of Finance, 45（4）: 1445-1465.

Levine R. 1992. A sensitivity analysis of cross-country growth regressions[J]. The American Economic Review, 82（4）: 942-963.

Levine R. 1997. Financial development and economic growth: views and agenda[J]. Journal of Economic Literature, 35（2）: 688-726.

Lopez de S F, Shleifer APorta R L, et al. 1997. Legal determinants of external finance. The Joumal of Finance, 52（3）: 1131-1150.

Liao T. 1994. Interpreting Probability Models: Logit, Probit, and Other Generalized Linear

Models[M]. London: Sage Publications Press.

Luhmann N. 1979. Trust and Power[M]. Avon: Pitman Press.

Madajewics M. 2005. Capital for poor: the effect of wealth on the optimal credit contract[R]. Conference of the International Society for New Institutional Economics.

Mailath G J. 2006. Social assets[J]. International Economic Review, 47 (4): 1057-1091.

McKinnon R I. 1973. Money and Capital in Economic Development[M]. Washington: The Brooking Institution.

Merton R C. 1989. A functional perspective of financial intermediation[J]. Financial Management, 24 (2): 23-41.

Merton R C. 1989. A functional perspective of financial intermediation[J]. Financial Management, 24 (2): 23-41.

Meyer R L, Nagarajan G. 1999. Rural Finance Markets in Asia[M]. Oxford: Oxford University Press.

Munasinghe L. 2000. Wage growth and the theory of Turnover[J]. Journal of Labor Economics, 18 (2): 204-220.

Nagarajan G. 1992. Inforal credit markets in Philippine rice growing areas[D]. PhD. Dissertation of the Ohio State University.

Navajas S. 1999. Credit for the poor: microlending technologies and contract design in Bolivia[D]. PhD. Dissertation of the Ohio State University.

Navajas S, Conning J, Gonzalez-Vega C. 2003. Leding technologies, competition, and consolidation in the market for microfinance in Bolivia[J]. Journal of International Development, 15 (6): 747-770.

Ongena S, Smith D C. 2001. The duration of bank relationships[J]. Journal of Financial Economics, 61 (3): 449-475.

Pagura M E. 2003. Examining client exit in microfinance: theoretical and empirical perspectives[D]. PhD. Dissertation of the Ohio State University.

Ray D. 1998. Development Economics[M]. Princeton: Princeton University Press.

Rodriguez-Meza J. 2000. Group and individual microcredit contracts: a dynamic numerical analysis[D]. PhD. Dissertation of the Ohio State University.

Rothschild M, Stiglitz J. 1976. Equilibrium in competitive insurance markets: an essay on the economics of imperfect information[J]. Quarterly Journal of Economics, 90 (4): 629-649.

Roubini N, Sala-I-Martin X. 1991. Financial repression and economic growth[R]. NBER Working Paper, No.3876.

Roubini N, Sala-I-Martin X. 1992. A growth model of inflation, tax evasion, and financial repression[R]. NBER Working Paper, No.4062.

Sanchez-Schwarz S. 1996. Assortive matching of borrowers and lenders: evidence from rural Mexico[D]. PhD. Dissertation of the Ohio State University.

Santomero A M. 1984. Modeling the banking firm: a survey[J]. Journal of Money, Credit and Banking, 16（4）: 576-602.

Simtowe F, Zeller M. 2006. Can risk-aversion towards fertilizer explain part of the non-adoption puzzle for hybrid maize? Empirical from Malawi[J]. Journal of Applied Sciences, 6（7）: 1490-1498.

Spence M. 1973. Job market signaling[J]. Quarterly Journal of Economics, 87（3）: 355-374.

Stiglitz J E. 1990. Peer monitoring and credit markets[J]. The World Bank Economic Review, 4（3）: 351-366.

Stiglitz J E, Weiss A. 1981. Credit rationing in markets with imperfict information[J]. American Economic Review, 71（3）: 393-410.

Tang S Y. 1995. Informal credit markets and economic development in Taiwan[J]. World Development, 23（5）: 845-855.

Tassel E V. 1999. Group-lending under asymmetric information[J]. Journal of Development Economics, 60（1）: 3-25.

Tirole J. 2006. The Theory of Corporate Finance[M]. Princeton: Princeton University Press.

Tsai K S. 2004. Imperfect substitutes: the local political economy of informal finance and microfinance in rural China and India[J]. World Development, 32（9）: 1487-1507.

Varghese A. 2005. Bank-moneylender linkages as an alternative to competition[J]. Oxford Economic Papers, 57（2）: 315-335.

Warning M, Sadoulet E. 1998. The performance of village intermediaries in rural credit delivery under changing penalty regimes: evidence from Senegal[J]. Journal of Development Studies, 35（1）: 115-138.

Wenner M D. 1995. Group credit: a means to improve information transfer and loan repayment performance[J]. Journal of Development Studies, 32（2）: 263-281.

Wette H C.1983. Collateral in credit rationing in markets with imperfect information: note[J]. American Economic Review, 73（3）: 442-445.

Williamson O E. 1975. Markets and Hierarchies: Analysis and Antitrust Implications[M]. New York: Free Press.

Williamson O E. 1991. Comparative economic organization: the analysis of discrete structural alternatives[J]. Administrative Science Quarterly, 36（2）: 269-296.

Williamson O E. 2002. The theory of the firm as government structure: from choice to Contract[J]. Journal of Economic Perspectives, （3）: 171-195.

Williamson S D. 1987. Costly monitoring, loan contracts, and equilibrium credit rationing[J].

Quarterly Journal of Economics, 102 (1): 135-145.

Wilson J S G. 1954. Credit rationing and the relevant rate of interest[J]. Economica (New Series), 21 (81): 21-31.

Woolcock M. 2001. Social capital and economic development: toward a theoretical synthesis and policy framework[J]. Theory and Society, 27 (2): 151-208.

Wydick B. 1995. Group lending as a credit delivery mechanism in Guatemala[D]. PhD. Dissertation of Department of Economics, Unversity of California at Berkeley.

Wydick B. 1999. Can social cohesion be harnessed to repair market failures? Evidence from grouplending in Guatemala[J]. Economic Journal, 109 (457): 463-475.

Xavier G, Jakiela K P. 2006. Microfinance games[R]. Yale University, Economic Growth Center Discussion Paper, No.936.

d